新执行力

互联网时代的企业执行力打造策略

王辉 著

中华工商联合出版社

图书在版编目（CIP）数据

新执行力 / 王辉著. -- 北京：中华工商联合出版
社，2016.9

ISBN 978-7-5158-1771-2

Ⅰ.①新… Ⅱ.①王… Ⅲ.①网络公司–企业管理–
研究 Ⅳ.①F276.6

中国版本图书馆CIP数据核字（2016）第 227064 号

新执行力

作　　者：	王　辉
责任编辑：	胡小英　李　健
封面设计：	周　源
责任审读：	郭敬梅
责任印制：	迈致红
出版发行：	中华工商联合出版社有限责任公司
印　　刷：	三河市宏盛印务有限公司
版　　次：	2017年1月第1版
印　　次：	2017年1月第1次印刷
开　　本：	710mm×1020mm　1/16
字　　数：	152千字
印　　张：	12.5
书　　号：	ISBN 978-7-5158-1771-2
定　　价：	39.80元

服务热线：010-58301130
销售热线：010-58302813
地址邮编：北京市西城区西环广场A座
　　　　　19-20层，100044
http://www.chgslcbs.cn
E-mail: cicap1202@sina.com(营销中心)
E-mail: gslzbs@sina.com(总编室)

导　言

执行力是中国互联网企业成功的关键

一直以来，企业执行力都是一个热门的话题。不管是在过去，还是在互联网盛行的今天，执行力依然是众多互联网企业关心的一个问题，更是让各互联网企业疑虑重重的话题。因为离开了执行力，互联网企业的发展也就无从谈起；执行力弱，互联网企业也就无法发展壮大！

只有拥有了执行力强大的团队，胜利才会距离我们越来越近。

谷歌的信条是：越快越好！

Facebook的信条是："Done is better than perfect"（比完美更重要的是完成）；"Move fast and break things"（快速行动，破除陈规）。

1999年底，李彦宏带领自己的团队仅用了六个月的时间就完成了中国最大、最好的中文搜索引擎的开发工作。

……

所有的这些都在说明一个问题：互联网企业发展，执行力是关键！纵观互联网大鳄阿里巴巴、百度、谷歌、腾讯……无一不是执行力的制胜者。

一直以来，对于执行力，我都有着深深的思考。仔细阅读各互联网企业的发展故事之后，我对于执行力的重要性更有新的认识，对于提高执行力的方法，也有了更深的感悟。

互联网时代的互联网企业，已经较过去发生了很大的改观，比如：管理趋向扁平式、"去中心化"，员工更加追求职业的忠诚化，他们的工作主动性更强，更加注重个人的诉求……其实，有了这样的条件，互联网企业完全可以发展得越来越好。可是，很多互联网企业依然发展缓慢，原因何在？很多都是缺乏执行力！

有的互联网企业没有制定清晰的战略，管理者和员工都是为工作而工作；有的企业制度不完善，缺乏流程执行的保障机制；有的企业人员不匹配，结果影响了执行力的执行；有的企业实施柔性管理，对员工的错误视而不见……凡此种种，都成了制约执行力落地的巨大障碍。

要想提高互联网企业的执行力，不仅要让员工重视起来，提高员工的执行力，还要学习互联网思维，积极思考；不仅要提高网络营销的执行力，还要打造具有强执行力的企业文化……

我知道，不管是知识还是感悟，只有将其分享给大家，才能形成共识。只有让别人通过学习，用这些方法来促进执行力的执行，才能体现出方法和感悟的重要性。为了帮助更多的互联网企业发现自身在执行力方面的弱点，为了让更多的互联网企业掌握更多提高执行力的方法，我特意将自己的感悟书写成册，与大家共享。

本书内容翔实，方法可行。为了说明问题，我们还选择了一些互联网公司的案例，紧贴实际。希望通过阅读这本书，能带给互联网企业及员工更多的思考！

目 录

/ 第三章

065 互联网企业如何打造员工个人执行力

/ 第四章

091 互联网企业如何运用互联网思维提升执行力

第五章

119 / 互联网企业如何提高营销执行力

第六章

149 / 互联网企业如何打造强执行力企业文化

173 / 第七章
互联网企业打造执行力的经典案例

第一章
互联网时代的企业执行力

随着互联网的发展，企业管理呈现出了新的特点，比如："等级式"管理渐渐消失，取而代之的是"扁平化"管理；管理"中心化"趋势减弱，"去中心化"流行；企业忠诚化过时，而开始流行职业的忠诚化；过去的命令式管理，也变成了今天的互动式管理；员工的工作不再被动，主动性大大提高；员工的关注点也从薪酬转移到了个人诉求的满足……要想提高执行力，首先就要对这些变化深入认识。不了解这些，何谈执行力？

从"等级式"管理到"扁平式"管理

"扁平化"的组织结构，以及以一当十的用人方式，能最大限度地减少沟通磨合的时间成本。在信息高速流通的互联网时代下，这种管理模式被越来越多的互联网企业所运用。与传统企业不同，不少互联网企业虽然成立的时间不长，但依然爆发出了惊人的力量，而这些互联网企业很多都采用了"扁平化"的管理组织架构。

过去，很多企业采用的都是金字塔式的"等级管理"制，通常都有着多个管理层次：高层、中层、基层管理者，共同组成一个金字塔状结构。董事长和总裁位于金字塔顶，他们的指令会通过一级一级的管理层，最终传达到执行者到那里；反之，亦然。

在计划经济时代，在生产力相对落后、信息相对闭塞的时代，这种模式确实是一种比较好的组织形态，机构简单、权责分明、组织稳定、决策迅速、命令统一，确实给企业的发展带来不少好处。可是，这种组织结构缺乏组织弹性，缺乏民主意识，过于依赖高层决策，高层对外部环境的变化反应缓慢，已经无法满足移动互联时代的要求了。

"扁平化管理"是相对于"等级式管理"构架的一种管理模式。在互联网时代，很多互联网企业都采用"扁平化"的管理方式：管理层次少，管理幅度大；可能没有中层管理者，由某一个高层管理人员直接管理或控制更多的部门。

比较之后，我们就会发现，等级式管理模式通常都具有"层次重叠、冗员多、组织机构运转效率低下"等弊端，对快速变化的市场反应迟钝。而"扁平化"管理模式的优势在于，信息纵向流动快、管理成本低，能加快信息流的速率，能让管理者的决策触角直接伸向市场，从而根据瞬息万变的信息及时做出决策并执行。

如今，Facebook的网状结构已经把"去中心化"走到了尽头；谷歌则是"扁平化"管理里面特别"扁"的。这个特别"扁"的公司也曾一度苦苦思索"管理到底有没有用"。

拉里·佩奇原本也不太确定管理到底有没有用。为了消除级别障碍，提升员工创造力，2002年，他们开始在谷歌推行扁平化组织实验：取消工程师管理者职位，营造类似于大学氛围的企业环境。

可是，这个实验刚一开始，拉里·佩奇就后悔了：众多员工都跑来向其汇报芝麻大的琐事，从项目开支到个人矛盾，一地鸡毛。于是，这个大胆的"无管理"实验宣告失败。结果，谷歌依然设立组织层级，但数量不多：5000位经理、1000位主管和100位副总裁，一位工程师经理手下有30名直接下属。

即便如此，"管理有用吗"这种问题依然不断被提及——2009年初，谷歌人力分析团队提交的研究问题中就曾明确列出这一疑问。为了研究这一问题，谷歌启动了"氧气计划"。该计划不断丰富完善，最终形成了一个可以多方评估公司关键管理行为的项目。

"氧气计划"团队查看了所有离职访问的调查数据，设置了对于管理行为评估的双盲访问，分析了Goolegeist调查问卷、评分表和半年评估数据，运用复杂、精细的多变量方法，寻找管理满意度与业绩表现之间的关联性。数据显示：得分高的管理者的员工不仅更具幸福感，其在创新、工作生活平衡，以及职业发展方面表现都更胜一筹。

2010年1月，谷歌出了一份内部报告《管理为何重要，最出色的管理者如何做》，其中举出了八项关键的管理行为：是一名好教练；授权于团队、放弃微管理；关注并关心团队成员的成功和个人福祉；工作富有成效且结果导向；善于倾听、分享，是一名优秀的沟通者；帮助员工进行职业规划和发展；对团队愿景及战略有清晰规划；具备关键技术技能，能够给予建议。

不难看出，谷歌这类扁平化组织中，并不是不需要管理，只是向管理者提出了更多要求：既要具备出众的业务能力、规划能力，又要扮演好教练和倾听者的角色。无管理实验和论证"管理无用"的氧气计划，最终得出了统一的结论：管理有用，管理很重要！

在信息高速流通的互联网时代下，这种管理模式被越来越多的互联网企业所运用。与传统企业不同，不少互联网企业虽然成立的时间不长，但依然爆发出了惊人的力量，而这些互联网企业很多都采用了"扁平化"的管理组织架构，比如，小米。

小米的组织架构没有层级，基本上是三级：七个核心创始人——部门leader——员工。而且，团队也不大，稍微大一点就拆分成小团队。从小米的办公布局就能看出这种组织结构：一层产品、一层营销、一层硬件、一层电商，每层由一名创始人坐镇，能一竿子插到底地执行。大家互不干涉，都希望能够在各自分管的领域里做出成绩，大家一起把一件事情做好。

除了七个创始人有职位外，其他人都没有职位，都是工程师，晋升的唯一奖励就是涨薪。员工不用考虑太多的杂事和杂念，也没有什么团队利益，只要将自己的心放在工作上即可。

这样的管理制度，减少了层级之间互相汇报浪费的时间。除了每周一的一小时公司级例会外很少开会，也没有什么季度总结会、半年总结会。

2012年"8.15"电商大战，小米公司从策划、设计、开发、供应链仅准备了不到24个小时，上线后的微博转发量近10万次，销售量近20万台。

在公司，雷军是首席产品经理，80%的时间都在参加各种产品会，每周都要定期和MIUI、米聊、硬件和营销部门的基层同事进行产品层面的讨论会。小米的很多产品细节，就是在这样的会议中，和相关业务一线产品经理、工程师一起讨论决定的。

如果这是你第一次听说小米的故事，是不是觉得有点不可思议？正是因为管理的扁平化，才少了很多细枝末节的东西，当大家都将心思放在工作上的时候，效率自然会提高很多！

到这里，相信你也能理解为什么小米能保持快速的增长速度了。其实，还有一家互联网企业在扁平化管理方面也很出色，它就是优步。

优步是一家风险投资的创业公司和交通网络公司，总部位于美国加利福尼亚州的旧金山，以移动应用程序链接乘客和司机，为用户提供租车及实时共乘的服务。

优步成立时间不长，可是短短几年的时间，其业务已经涉及30个国家80多个城市，让人想不到的是，它只有500多员工！相比之下，成立五年的小米已经有近万人。可见，优步的队伍已经精简到"极致"。

目前，优步在中国覆盖了九个城市，本地员工数量仅有60个，而总部支援小组的还不到十人！具体来说，优步每一个城市的支援团队基本配置都是三个人，主要包括：负责需求端的市场经理，负责供应端的运营经理，负责总体战略把控的城市总经理，三个人各司其职。

每个员工都可以以一当十，比如：一个人可以相当于一个市场部，既是市场策划者，也是活动联络人，更是活动组织者，除了负责线下市场工作，还要对线上营销工作亲力亲为。

"扁平化"的组织结构，以及以一当十的用人方式，能最大限度地减少沟通磨合的时间成本。难怪优步可以保持如此旺盛的生命力，即使面临一次又一次的政策监管，优步也能迅速展开应对措施。

其实，早在20世纪80年代，管理大师德鲁克就预测了当今社会的基本特征，他说："下一个社会，既是一个知识社会，也是一个组织社会，因为只有通过组织化的实践，知识才能够产生效用。""扁平化"的组织结构正是如此！

它的内涵是减少管理层次、扩大管理幅度，因此，这就对管理者提出了更大的挑战，也对员工提出了更高的要求。优秀的互联网企业在实施"扁平化"管理的过程中，通常都非常重视人才，都会积极提升关键岗位上的人员素质，就像刚刚介绍的小米和优步一样。

从管理"中心化"到管理"去中心化"

> 很多互联网企业都把利润最大化作为管理的唯一主题，殊不知这正是他们夭折的重要根源之一。在互联网时代，在产品、技术、知识等创新速度日益加快的今天，成长的可持续性已经成为现代企业所面临的比管理效率更重要的问题。开放协作才是现代企业管理的方向，所以，要利用互联网思维"去中心化"。

过去，在一个团队中，管理者是核心，成员都要围着管理者转。管理者的主要工作是，给员工分配工作、指导工作、检查工作；而员工的主要任务就是，将领导布置的任务完成！可是，在互联网时代，这一情景已经大为改观，改成了"去中心化"。管理者已经不是团队的中心，成员也不是简单地执行……所有的这一切，都是因为互联网企业与传统企业大不相同。

"去中心化"是互联网企业有别于传统企业的本质特征，如今，整个互联网企业正呈现"去中心化"趋势！

在著名的互联网企业亚马逊有一个著名的"两个披萨原则"，即团队人数不能多到两个披萨还不够他们吃的地步。

亚马逊CEO贝索斯把披萨的数量当做衡量团队大小的标准。如果两个披萨不能让一个项目团队的人员吃饱，那么这个团队可能就太大了。

一个人的大脑容量是有限的，无法处理太多人的意见。人太多，必然会导致人云亦云，无法凸显个人的独特想法。较少人参加的会议，往往能够取得更好的效果。那么，两个披萨能够管够多少人呢？可能也就是六七个人。

有些公司认为，人多好办事，将项目交给大型团队来做可以节省时间和资金。可是，有时候让一些富有创意的人组成一个大的团队来完成某个项目，反而会带来更多问题，不利于问题的解决。团队太大，成员之间自然就无法深入沟通，免不了会出现一些扯皮推诿，严重者还会让项目陷入停顿状态或彻底失败。

将团队缩小，可以避免项目陷入停顿或失败的局面。优秀的领导人通常都能找出能够让项目成功的关键人物，然后尽可能地给他们提供资源，从而推动项目向前发展。让一个小团队在一起做项目、开会研讨，更有利于达成共识，促进互联网企业创新。

这样的小团队淡化了传统金字塔中的"层级管理"，原来以"上级为中心"的独裁管理也就变成了"以结果为导向""以小组为中心"的"扁平化"流程化的管理。小组的规模甚至可能小到只有一个人。这就是"去中心化"，这时候，每个人都是中心。

很多互联网企业都把利润最大化作为管理的唯一主题，殊不知这正是他们夭折的重要根源之一！在互联网时代，在产品、技术、知识等创新速度日益加快的今天，成长的可持续性已经成为现代企业所面临的比管理效率更重要的问题。开放协作才是现代企业管理的唯一方向，所以，要利用互联网思维"去中心化"。

2015年4月29日，腾讯在北京钓鱼台国宾馆举办了"势在·必行——2015'互联网+中国'峰会"，与500位政府官员、各地领导一起，共同就"互联网+"主题展开了深入探讨。

腾讯董事会主席兼首席执行官马化腾在主题演讲中表示，未来的"互联网+"模式是去中心化，而不像过去是一个集市。我们是去中心化的、场景化的、跟地理位置有关的，千人千面，每个人的需求都能实现。因为只有这样，才能最大限度地将各行各业连接起来，才能将传统行业在自身垂直领域做出成绩的合作伙伴进行整合，这样生态的力量才是最强大的。

互联网的出现，不仅改变了人与组织的关系，也改变了人与组织的力量对比。借助于组织平台，个体的价值创造能量和效能就会被极度放大。如此，组织与个人关系不再是简单依附与绝对服从关系，在网状价值结构中，CEO 不再是组织的唯一指挥命令中心。

这里没有首席指挥官，CEO只是一个象征的存在，犹如蜂巢中的蜂王，每一个成员都高度自治、自主经营。组织不再界定核心员工，每一个员工都可以在自己的岗位上发挥关键作用。那么，究竟什么是"去中心化"？现将精彩观点摘录如下：

观点1."去中心化"一定要自下而上进行。

"去中心化"要自下而上，而不是自上而下。从某种角度来讲，"去中心化"是更好的"革命"方法，会产生更快的变革速度。当然，也会有更多被淘汰的可能性。

观点2."去中心化"就是信息传递的"扁平化"和一致性。

"去中心化"可以将信息更快速地传递给需要的人员或者应该知道的人员，实现网状信息传递。网状结构可以让信息充分传递，避免信息被误传递也是需要思考的问题。

观点3."去中心化"是公司管理结构的"扁平化"。

目前，许多互联网企业采用的都是项目制，项目经理就是一个中心，没有主管这一层级，只设立高层和项目经理两个层级，完全"扁平化"了。

观点4."去中心化"要通过项目管理软件来落地。

"去中心化"是不破不立，扁平化、网状架构才能更加高效。可是，具体操作中还需要管理思想和软件载体，还要通过项目管理软件来落地，软件载体可以确保信息的一致性和快速传递。

观点5. "去中心化"是责、权、利等的下放。

"去中心化"就是责、权、利等的下放，中心之外的人员能够独立解决日常问题，需要不断提高专业水平和处事应变能力。

从企业忠诚化到职业忠诚化

> 在过去，企业追求的都是员工对企业的忠诚。而现在，人们越来越趋向于职业忠诚化。对职业的忠诚与权势、利益等无关。对于职业的忠诚并不仅仅是为了从职业中获取某种利益，而是将自己的工作当成信仰，将每一次任务当成使命。职业忠诚度高的人员，不仅会积极提高本身的专业技能，还能带动整体技能的提升。

互联网时代，互联网企业最大的财富不是拥有多少人才，而是拥有多少知识，能够使用多少人才。也就是说，在互联网时代，人才已经由互联网企业所有转变为价值创造圈所有，优秀的互联网企业都已经从封闭式的人才平台转变为开放式的人才平台。他们不求人才所有，但求人才所用；不追求绝对拥有，但求绝对所用！

有这样一个故事：

有一位铁匠，铸铁技术一流，他铸造出来的工具得到了当地人的认可和赞赏。士兵认为，这位铁匠造出的武器是最坚韧的；农民认为，这位铁匠造出的犁具是最耐用的；工匠认为，这位铁匠铸造的工具是最结实好用的。

一天，三个木匠来到铁匠铺中，说："师傅，帮我们每人做一把最好的铁锤，我们打算一起到邻村的一个包工老板那里去做木匠活。"

"你们是要最好的铁锤吗？"铁匠问，他们一起回答说："是啊，否则也不会花大价钱来你这里了。"

铁匠听到回答笑了两声，然后说："只要你们愿意出钱，我就保证给你们每人做一把最好的铁锤。"

"听说那个包工头承包了一个大工程，这下可有你们几个人干的了。"铁匠边给他们打造铁锤边和这几个木匠聊天。"是啊，不过在我们开工之前，你可得先忙活一阵子了。"一个嗓音很大的高个子木匠回答。

由于铁匠工作迅速，而且几个木匠还时不时地主动上来搭把手，几把铁锤很快就做好了。试了试，果然十分好使，于是木匠付了钱之后便兴冲冲地离开了。

几天之后，那个包工老板亲自找上门来，向铁匠定做几十把"最好的铁锤"。而且，包工头还特别强调："一定要比前几天来过的那几位木匠手中的铁锤更好。只要你能够做出更好的锤子，我愿意支付更多的钱。"

听完包工老板说的话后，铁匠笑了笑说："以我目前的技术已经不可能打造出比他们手中更好的铁锤了。"包工老板不以为然地说道："他们一共才要了三把铁锤，我要的数量多得很。再说，我支付的价钱一定会比他们高得多，难道放着这么好的生意你不做吗？"

铁匠回答说："我当然愿意做这笔生意，可是当初我给他们做时已经做到了最好，现在也不可能再做出更好的铁锤了。无论你给多少钱，无论主顾是谁，凡是我接手的生意，我必定会做到最好。也许在几年以后，随着技术水平的提高，我还会做出更好的工具，但是现在我真的做不了。"

听到铁匠的话，包工老板钦佩之至，他决定在这里定做几十把"最好的铁锤"，而且还决定以后但凡他需要的工具都在这里定做。

对职业的忠诚与权势、利益等无关。对于职业的忠诚并不仅仅是为了从职业中获取某种利益，而是将自己的工作当成信仰，将每一次任务当成使命。

一个人对职业的忠诚度往往体现在自己对职业的态度上，一旦职业忠诚化，他就不会仅仅将自己的职业作为谋生的饭碗、食宿的落脚点。如果一个人对职业不忠诚，那么他对职业的态度就谈不上爱，他的目标极为简单而集中，至于什么忠诚不忠诚，在他的内心里是从来不存在的。

互联网时代，当一个人把职业作为自己热爱的一项事业，甚至作为生命的一个重要组成部分时，就会自始至终都忠诚于自己的职业，干一行爱一行。

在过去，企业追求的都是员工对企业的忠诚。在这样的文化氛围中，员工会认可企业文化、环境，他们相信互联网企业将为其提供发展的机会和应得的物质回报，因此会全身心地投入到工作中去，把个人的发展融入互联网企业发展中。可是，在互联网大力发展的今天，对职业的忠诚才是人们所推崇的。

忠诚于互联网企业的员工，通常都是"敬业"的员工，他们认可互联网企业，不受外界诱惑的干扰，会稳定、持续地为企业创造价值。而职业忠诚度则是对职业的忠诚。

从每位员工进入微软集团的第一天起，微软集团就会为他们制订一份灵活全面的福利规划。从日常免费饮用的苏打果汁饮料，到必需的全额医疗保险，从优厚的薪酬、股票奖励，到带薪假日，每一个环节都考虑得细致入微。这种完善的"关爱规划"会赢得员工对企业的极大忠诚，更会赢得员工对于职业的忠诚！

职业忠诚度高的人员，不仅会积极提高本身的专业技能，还会带动整体技能的提升。互联网时代是一个人才主权时代，是一个员工随时有可能炒老板鱿鱼的时代。虽然很多老板都试图通过文化来解决价值观的认同问题、凝聚力的问题，但这个时代已经不再简单强调组织忠诚了，而更强调职业忠诚和专业忠诚。

互联网时代的人才不再简单忠诚于互联网企业或老板，而是更强调忠诚于客户，忠诚于自身的职业使命和专业。一些特殊的专业人才，可以同时被多家互联网企业所用。因此，在互联网时代，会出现大量的个体知识劳动者。

这些个体知识劳动者不再依附于任何一个组织，可以同时为多家企业提供服务。他依靠的是专业化生存，他所忠诚的是职业，而不再是企业。他们将企业当成客户，用他的专业能力为这个企业提供服务，是以客户为本。

从命令式管理到互动式管理

互联网的出现，人与人的沟通距离与成本趋于零，随着信息的对称与信息的透明，员工不仅可以自由地表达自身的情感变化和价值诉求，还可以在员工社区形成共识和意见领袖。优秀的互联网公司，不仅会关注员工的情感需求和价值实现需求，更会增加人才对人力资源产品与服务的价值体验。

伟大的教育家孔子曾经说过："道之以政，齐之以刑，民免而无耻；道之以德，齐之以礼，有耻且格。"孔子认为，用行政命令来治理民众，用刑罚来约束他们，有些人就会为了免于受罚而偷偷干坏事；一旦行迹败露，虽然被处罚，但内心也不会有羞耻、悔改之意。这一点也同样适用于管理中。

关于命令式管理，有这样一个故事：

有一所公司规定："凡全体员工会迟到者，罚款五元，会后交会计室。"有一天，小张迟到了。会议结束后，按照公司规定，到会计室交了五元钱的罚款。可是，不知什么原因，第二次开会时，小张又迟到了。同样，在会议结束后，他又到会计室交罚款。可是，这次小张交的不是五元钱，而是20元。会计问他："为什么交这么多？"他回答说："把下几次的罚款一起交了吧！"

不可否认，公司之所以要制定这一规定，主要就是为了解决员工开会迟到的问题。通过小张的行为可以发现，不仅没有达到目的，还使迟到者无丝毫悔改之意，更加肆无忌惮。这就说明，行政命令式的管理和处罚不一定能让一个人心服口服，有时候反而会起反作用。

每个人都有一定的自律性，谁也不愿意开会时当着大家的面迟到。但凡迟到，其中必有原因，如果不用罚款的办法，会后主动与小张交换意见，问清事情的来龙去脉，适时帮助他解决困难，相信小张恐怕就不会再迟到了。可是在命令式管理的模式下，很少有领导者会想到这一层。

互联网的出现，人与人的沟通距离与成本趋于零，随着信息的对称与信息的透明，员工不仅可以自由地表达自身的情感变化和价值诉求，还可以在员工社区形成共识和意见领袖。优秀的互联网公司，会关注员工的情感需求和价值实现需求，更会积极保持人与人之间的互动！

在某种意义上来说，互联网企业的管理者，既是数字大师，又是人性大师；既要尊重数据事实，又要对人性有所感悟、有所理解。那么，如何才能成功实施互动模式呢？

1. 指定明确的发展战略

优秀的互联网企业通常都有明确的发展战略，因此，人才战略才能有的放矢。同时，企业制定和实施发展战略，也是对企业和员工负责，是互动管理的基础。因此，他们都会将发展战略清晰地传达给员工，并通过良好的沟通渠道，获知员工的意见。

2. 实施明智的人才战略

要想实施发展战略，就必须有相配套的人才战略。换言之，只有人才战略的正确实施，才能保证发展战略的实现。优秀的互联网企业一般都有着卓越的人才战略。

（1）教育员工，引导员工

他们会将企业文化灌输给员工，求得员工的认同和反馈，必要时加以补充、修改；会对员工进行人生观和职业操守教育，不会以任何借口忽视对员工的教育。

（2）完善培训体系

他们对员工的培训不仅已经形成了体系，而且还会相伴企业发展的始终；组织和员工不但要学习新知识，还要相互学习，共同提高，并求得创新。

（3）良好的晋升制度

良好的薪酬和晋升制度是互联网企业吸引人才的重要因素，也是检验互联网企业发展战略实施能力的重要尺度。很多互联网企业之所以缺乏吸引人才的薪酬和晋升制度，在很大程度上是因为企业没有令人信服的发展战略和长远规划，因此组织与员工的互动经常会出现障碍。

（4）一定的辞退预警制度

失去人才对互联网企业意味着资源的浪费和人才战略的受挫，因此，优秀的互联网企业都会建立辞退预警制度，尽早与员工沟通，这是对双方负责、使双方互利的行为。

（5）与员工双赢互赖

组织与员工的关系实质是双赢互赖的关系，这一原则是处理组织与员工关系的基石，优秀的互联网会将融入企业文化并贯穿互联网企业发展的始终。

如今，许多互联网企业涣散无序、关系紧张，原因之一便是从一开始就没有建立双赢互赖的关系，或者随着企业的发展、人事的变动，双赢互赖失衡或趋于恶劣。

3. 架设正确的沟通渠道

沟通是管理的灵魂，失去有效的沟通，企业文化和管理制度将是一纸空文。传统单向管理的沟通，是以从上向下传达为主，互联网企业要改变这种做法。

懂得互动管理的互联网企业，通常都会积极改造单向沟通的模式，架设富有活力的双向沟通渠道，使组织焕发应有的活力。在实施发展战略时，因缺少沟通而导致行为缺乏理性，终酿恶果的案例层出不穷。因此，一定要将互动双向沟通作为一项制度，贯穿组织发展的始终。

从被动完成到主动创新、创造

> 主动工作者，要么具有强烈的上进心，要么具有强烈的责任心，在工作时表现出来的是热情和执着的劲头，有时候甚至会让人觉得他们有点"傻"。他们在日常工作中很少抱怨，也不好高骛远，他们服从于现实，把自己真正的想法埋藏起来，一步一个脚印，默默地为自己心中的理想做着准备……而这种主动工作的热情，正是互联网时代所需要并特有的。

互联网时代是人的一场革命，这种革命是人的能力的革命、人的价值创造的革命。在网状价值结构中，老板和CEO不再是组织的唯一核心，组织的真正核心是客户。谁最贴近客户，最了解客户，谁就拥有更多的话语权和资源调配权。

腾讯的项目制管理、小米的合伙人负责制与去KPI（Key Process Indication，企业关键业绩指标），都是在淡化组织自上而下的权力中心意识，使组织整体面对市场和客户需求的反应最快、距离最短，内部交易成本最低。

这样，一方面，组织的资源调配不再简单依据KPI指标的权重进行预先设计，而是依据客户与市场需求动态配置；另一方面，随着组织扁平化、流程化、数据化，组织中人的价值创造能力和效益能力不断被放大，一个小人物或非核心部门的微创新就可能带来商业模式的颠覆式创新，比如微信这一创新产品的产生就不是来自腾讯的核心部门与核心人才。

互联网时代，企业人力资源产品与服务的设计不仅会关注核心人才的价值诉求，还会关注小人物的心声，有时候，小人物的意见也会给互联网企业带来商机。

从意识形态上来说，可以将工作分为两种，除了被动工作，还有一种是主动工作。主动工作指的是，工作者会发自内心去做好自己的本职工作，会为了完成自己心目中设定的个人目标而努力。

主动工作者，要么具有强烈的上进心，要么具有强烈的责任心，在工作时表现出来的是热情和执着的劲头，有时候甚至会让人觉得他们有点"傻"。他们在日常工作中很少抱怨，也不好高骛远，他们服从于现实，把自己真正的想法埋藏起来，一步一个脚印，默默地为自己心中的理想做着准备，一旦条件成熟，就会一跃而起，把握机遇，完成自己的人生理想。这类人群对于组织和团队来说，非常难能可贵，因为他们的工作结果是效率和效益并存。而这种主动工作的热情，正是互联网时代所需要并特有的。

从关注薪酬到关注个人诉求

在传统经济时代，员工非常重视工资。而在互联网时代，各互联网企业必须对整个商业生态进行重新审视和思考，特别是对于互联网企业的最重要资源——人才，要重新思考如何利用互联网精神去留人留心。关注员工的诉求，无疑是一种很重要的方法。员工诉求，无非就是衣食住行，老人和孩子，以及个人价值的实现。如果公司能够满足员工的这些需求，他们的工作主动性自然会提高。

传统经济时代，员工非常重视工资，谁的工资高，就为谁工作。为了留住合适的人才，很多互联网企业不惜给付高工资。

高工资对互联网企业来说未必是最大的成本支出，但对员工来说却是最大的收入，也是求职者最先考虑的最重要因素之一。俗语说得好："栽下梧桐树，引来金凤凰。"正因为高工资很容易吸引到德才兼备的高素质人才，而高素质的人才容易实现互联网企业的高效率和高效益。

如果一个企业能保持行业、地区的高工资水平，不仅能解决员工饭碗的基本问题，而且能为员工提供更多的幸福保障，员工自然会有荣誉感、自豪感、归属感、成就感，就会十分珍惜这份工作，不会轻易跳槽或辞职，这样就能保证互联网企业正常的工作，不会因为员工的离职带来误工成本的损失。

员工流失率低，互联网企业就会减少招聘次数，就会降低招聘成本，减少新员工的培训成本。误工成本、招聘成本、培训成本降低，就能提高利润。可是，在互联网时代，人与人的沟通距离与成本趋于零，信息的对称与信息的透明使员工更加重视个人的诉求。优秀的互联网公司都会重视员工的诉求。

苹果、Google、Facebook等科技大公司的员工福利一直令人艳羡。

案例一：

2015年苹果公司宣布，将雇佣全职保安。被其聘用的保安人员可以享受医疗保险、退休保障、儿童保健，以及苹果员工享受的其他同等待遇。这意味着服务人员也开始享受技术人员的待遇了。

案例二：

谷歌公布了一项"死亡福利"：如果员工在雇用期内过世，未来10
年，其未亡配偶每年将会获得一张金额相当于该过世员工年薪50%的支
票。他们的未成年子女还能每月收到1000美元的生活费，直至成年。除
此之外，配偶还能获得去世员工的股权授予。这一福利没有员工任职年
限要求，谷歌3.4万名员工都有资格享受这项待遇。

案例三：

阿里制定了一项提升员工福利的措施，其中包括：30亿元的"ihome"
置业贷款计划，员工最高可贷30万元；5亿元教育基金，解决员工子女的
学前和上学教育；超过4000万元的一次性物价和子女教育补贴。

案例四：

网易丁老板爱好养猪，这些猪肉通通产自网易农场的绿色生态健康
猪，员工想吃就吃，绝不限量。而且，还有价低质优的大米、土鸡、鸡
蛋、板栗、水果等农副产品，受到了员工们深深的喜爱。

案例五：

百度向公司发放的2014年年终奖，执行的是"2+X"方案。所有员
工能领到两个月的年终奖，同时根据个人年终考核与重大业绩，决定X
的多少。年会上，李彦宏自豪地宣布，有一位员工今年拿到的奖金，相
当于他50个月的工资！假设月薪为2万，50倍是多少？

员工诉求，无非就是衣食住行，老人和孩子，以及个人价值的实
现。如果公司能够满足员工的这些需求，他们的工作主动性自然会提

高。马云曾经说：员工的离职原因很多，只有两点最真实：第一，钱，没给到位；第二，心，委屈了。

如今，"80后"已经走上管理岗位或成为骨干员工，"90后"已渐渐在职场上崭露头角，职场主流已是独生子女的一代，他们被认为是"自我意识觉醒""互联网思维"的一代，他们更关注自己与互联网企业价值观、思维和行为模式是否契合；他们具有网状思维模式，使得跨界和转行不再是不可逾越的障碍；他们没有后顾之忧，更关注自我的感受等，这都致使人才的流动速度加速。同时，由于高素质人才供求的不匹配，竞争对手之间激烈的薪酬竞争、激烈的招聘模式等外部因素，也使人才保留的难度越来越大。

在移动互联网、大数据、云计算等科技因素不断发展的背景下，人力资源从业者将面临更多的挑战：如何盘活组织内现有的资源，并重新加以利用？只有做得好，才能给人才以更多的发展机会和跳跃式的成长空间。

因此，在互联网时代，各互联网企业就要对市场、用户、产品、互联网企业价值链，乃至必须对整个商业生态进行重新审视和思考。特别是对于互联网企业的最重要资源——人才，要重新思考如何用互联网精神去留人留心。

法国思想家伏尔泰说过："我不同意你说的话，但我誓死捍卫你说话的权利。"这句话一度被认为是集中反映了互联网精神。可以说，平等是互联网重要的基本原则。

不得不承认，这个时代的员工需求越来越多元，且物质和精神需求都非常高，很难再找到"只看在钱的份上"的员工。金钱的需求已经退居次要位置，而更多的软性的激励已成为真正留住员工的要素。

在"用户驱动产品"的时代，就要多考虑员工的需求变化。留住人心的关键点就是：你能不能用员工的方式与之对话，能不能让员工成为互联网企业的忠实"粉丝"。

第二章
互联网企业执行力差的原因

为何阿里、百度等大互联网公司的执行力很高，而你的企业却缺乏执行力？因为你的企业没有执行清晰的战略、结构不合理、制度不完善、奖惩不配套、人员不匹配、文化不强势……要想找到提高执行力的方法，首先就要找到原因，方能找到问题的"症结"，之后"对症下药"，找到解决问题的方法。

战略不清晰，管理者和员工为做事而做事

> 许多中国企业之所以不强，其中一个重要的原因就是缺乏明晰的企业发展战略。没有清晰而专注的战略，今年换一个方向，明年换一种战略，那必然会让执行力大打折扣。管理者只有制订了清晰而明确的目标后，企业才有前进的方向，不同的职能部门、不同阶层的员工在工作中才能形成一股合力，从而更好地发挥出互联网企业团队的力量。

美国原零售业巨头凯玛特公司，开始的时候从事的是低端产品销售，在遭遇零售业巨头沃尔玛公司的竞争打击后乱了阵脚，改向经营高端百货产品。可是，在这一领域却又比不过国际零售商

巨头塔吉特的竞争，结果凯玛特在战略上迷失了方向，最终走向失败。

凯玛特的失败就表明，战略不是朝夕之间可以随便更改的，不清楚自己的战略将会让企业付出沉重的代价。对于互联网企业来说，战略不清晰，也是其执行力差的一个重要原因。

清晰的战略可以使企业对自己产品的现状进行全面分析，找到自己的最大优势，比如是质量取胜，还是服务领先。尤其是投资项目，是着重技术研究还是营销策略，是着重渠道沟通还是广告宣传，这些都需要有一个清晰的策划和构思。但如果每一个目标都想达到，没有计划地乱抓，最后只能是一塌糊涂。

决策是为达到制订的目标，没有清晰明确的目标就没有方向，也就无法决策；而清晰的战略目标则指明了战略决策想要得到的结果。

在撒哈拉沙漠中，有一个叫比塞尔的小村庄，与一片绿洲毗邻，从这里走出沙漠只要三天。奇怪的是，在1926年英国皇家学院院士肯·莱文发现之前，没有一个人能从这里走出过大沙漠。他们不是不愿意离开这块贫瘠的地方，而是尝试过很多次都以失败告终。

1926年，肯·莱文发现了这个小村庄，知道了这一情况，就用手语向当地人询问原因，结果每个人的回答都是一样：从这儿无论往哪个方向走，最后都只会回到这个地方来。为了证实这个说法的真伪，肯·莱文做了一次试验，他从比塞尔向北走，结果没用四天就走出去了。

比塞尔人为什么走不出呢？肯·莱文感到非常不解，最后他决定雇一个比塞尔人，让他带路，看看到底是怎么回事。他们准备了能用半个月的水，牵上两匹骆驼；肯·莱文收起指南针等设备，只拿一根木棍跟在后面。结果，11天之后，他们果然又回到了比塞尔。

肯·莱文终于明白，比塞尔人之所以走不出沙漠，是因为他们根本就不认识北极星。在一望无边的沙漠里，如果只凭着感觉往前走，只会走出许多大小不一样的圆圈。比塞尔处在浩瀚的沙漠中间，方圆上千公里，人们没有指南针，又不认识北极星，想走出沙漠，确实是不可能的。

离开比塞尔时，肯·莱文告诉一个叫阿古特尔的青年："只要你白天休息，夜晚朝着北面那颗最亮的星星走，就可以走出沙漠。"

阿古特尔照着肯·莱文的话去做，三天之后果然来到了沙漠的边缘，阿古特尔因此成为比塞尔的开拓者。后来，人们把他的铜像竖立在小城的中央。铜像的底座上刻着一行字：新生活是从明确的方向开始的。

比塞尔人是不幸的，他们的不幸在于找不到行走的参照物，自然也就找不到清晰明确的方向，所以必然找不到出路，于是世世代代被茫茫大漠和自身的无知所囚禁。就像阿古特尔铜像上的那句话，新生活是从明确的方向开始的，同样，成功的决策也是从明确的方向开始的。所以，在做决策的时候，要想使决策得到有效的执行，必须有清晰明确的战略目标。

制约中国企业成为具有国际竞争力的企业的一大障碍，就是企业的战略规划与管理能力。许多中国企业之所以不强，其中一个重要的原因就是缺乏明晰的企业发展战略。

据埃森哲调查问卷显示，12.8%的受访者认为中国企业的"战略目标不清晰"。调查显示，许多中国企业在制订战略时，会更多地关注营业额或利润等财务指标的设定，忽略了企业的战略定位和实现战略目标的举措的清晰讨论。同时，问卷调查还显示，有8.1%的受访者认为中国企业的"战略目标过于宏大，很难实现"；31.8%的受访者认为企业"没有对战略计划的执行情况进行评估"；11.4%的受访者认为"制订的战略实施计划不具可操作性，不能落实"。

管理者只有制订了清晰而明确的目标后，企业才有前进的方向，不同的职能部门、不同阶层的员工在工作中才能形成一股合力，从而更好地发挥出互联网企业团队的力量，表现出知识与技能的聚合作用，更好地促进战略目标的完成。

在我们身边，有的互联网企业没有制订清晰的战略目标，有的企业战略目标制订得不合理而缺乏可操作性，有的企业是受外部环境和老板个人影响而摇摆变化不定，结果，内部日常经营管理活动缺乏战略指引和方向性，大家为了做事而做事，而不是为了企业目标而做事。所以，管理者在做决策的时候，要想使决策获得成功，要想提高执行力，就必须有清晰明确的战略目标。那么，怎样才能使自己的战略目标清晰而明确呢？

1. 专注于企业的目标，不摆动

很多互联网企业失败的经历说明，没有清晰而"专注"的战略，今年换一个方向，明年换一种战略，会让企业的执行力大打折扣。

2011年，作为视频网站当年的三杰（优酷、土豆和酷6）之一，酷6风风火火了仅一年，之后便掉队了。随着创始人李善友的离职，亏损逐年变大，最后只能血腥大裁员后再转型。

陈天桥派驻的酷6新CEO施瑜公开表示："酷6从此不再购买长视频版权，包括电影和电视剧等，将关注于社区化、UGC（用户生成内容）和短视频。"

在李善友离职，盛大大规模清理了创始团队之后，陈天桥与李善友就酷6网的发展战略产生的分歧浮出水面。陈天桥希望酷6的发展方向是"视频资讯新闻"，而李善友则更希望坚持购买正版版权的"大片模式"，最终不欢而散。

视频行业一向以"烧钱"著称，盛大在酷6已经投入了将近两亿美元，却颗粒未收。而这或许正是促使酷6转型的最直接原因。管理方与创始人理念不同，互联网企业就不会有正确的方向和终点。

酷6的经历就表明，战略不是一朝一夕就可以随便更改的，不清楚自己的战略将会为互联网企业带来沉重的代价。

如果自己的目标一直都摇摆不定，你就不得不在这个目标和那个目标之间疲于奔命，没有目的、缺乏头脑、非常笨拙。只有"专注"于企业的战略目标，把所有的努力都集中在一个方向上，才可以取得巨大的成功。成功的互联网企业通常都有一个清晰而明确的战略目标。

2. 战略目标适合自己，切实可行

战略目标的设立要切合实际，不能可望而不可即。美国的阿里·基夫说："对目标的设立要量力而行，要着眼于企业的条件，不能一心只想着结果。"大多数决策者都会制订较高的战略目标，较高的战略当然会让人感到振奋，但必须注意的是，如果战略高得超出了互联网企业的能力所及，当它与现实脱节时，战略目标就会变得毫无意义，这样的目标只不过是决策者一个良好的愿望而已。

清晰明确的战略目标是指引互联网企业航行的灯塔，有了它，企业之船才能满载货物靠岸。假如这个灯塔是不明亮易见的，航船不仅靠不了岸，还会有触礁沉没的危险。决策者在制订互联网企业战略目标的时候，应该是具体的、明确的、清晰的，唯有如此，才能够保证战略目标的贯彻实施，使企业走对方向。

架构不合理，企业组织架构设置不合理

> 通过界定组织的资源和信息流动的程序，明确组织内部成员个人相互之间关系的性质，可让成员在这个组织中具有一定的地位、拥有一定的权力、承担一定的责任。机构臃肿、结构混乱、职责不清、"学非所用、用非所长"，是导致失败的主要原因。

如果互联网企业组织结构不完善，组织架构设置不合理，部门职能定位不清晰，岗位职责划分不明确，管理授权不合理，汇报指挥交叉重叠，责权利不对等都会影响到企业组织的执行力；而且，如果没有将这些事情梳理清楚，很容易在企业内部造成推诿扯皮、避重就轻、管理内耗和执行力低下等问题，也容易挫伤管理者与员工的工作积极性。

2002年，方兴东创建博客中国，之后三年内网站始终保持每月超过30%的增长，全球排名一度飘升到60多位。同时，在2004年，还获得了盛大创始人陈天桥和软银赛富投资基金合伙人羊东的50万美元的天使投资。

2005年9月，方兴东从著名风险投资公司Granite Global Ventures、Mobius Venture Capital、软银赛富和Bessemer Venture Partner融资1000万美元，引发了中国Web2.0的投资热潮。

之后，"博客中国"更名为"博客网"，并宣称要做博客式门户，号称"全球最大中文博客网站"，还喊出了"一年超新浪，两年上市"的目标。于是，在短短半年的时间内，博客网的员工就从40多人扩张至400多人，60%~70%的资金都用在了人员工资上。同时，还在视频、游戏、购物、社交等众多项目上大把烧钱，千万美元很快就被挥霍殆尽。

博客网自此拉开了持续三年的人事剧烈动荡局面，高层几乎整体流失，而方兴东本人的CEO职务也被一个决策小组取代。到2006年年底，博客网的员工已经缩减恢复到融资当初的40多人。

博客中国由当年号称"中国互联网第一人"的方兴东创建，是Web2.0时代的一面旗帜，曾汇聚了一批民间顶级的思考者，一度号称要把新浪拉下马。可是，最后却落得个失败的下场。不可否认，机构臃肿、结构混乱、职责不清、"学非所用、用非所长"，是导致最后结局的主要原因。

组织架构是互联网企业组织的"骨骼"，通过界定组织的资源和信息流动的程序，明确组织内部成员个人相互之间关系的性质，可以让每个成员在这个组织中具有一定的地位、拥有一定的权力、承担一定的责任、发挥一定的作用。

通过这种共同约定的框架，不仅可以保证资源和信息流通的有序性，还能够通过这种有序性，稳定和提升组织所共同使用的资源在实现其共同价值目标上的效率和作用。

作为一个特定的社会经济组织，互联网企业必须有特定的组织架构，为其资源、信息的流动提供流动的方向和程序约束；企业决策的贯彻实施，更需要有一个事先达成的、组织成员之间相互关系清楚、工作责任明确、活动步调协调的约定。

1. 如何设置合理的组织构架

互联网企业组织结构就相当于人体的骨骼，是让互联网企业立起来、有效运行的基础和保障，支撑着企业的正常运转。只有结构完善，才能充分地达到管理的目的，才能逐渐提高绩效，才能够满足公司战略的实现。那么，如何来设置合理的组织构架呢？

（1）积极建立"扁平化"的组织

"扁平化"组织，通常管理层次少而管理幅度大。这种组织方式能简化纵向管理层次，削减中层管理者，企业的指挥链条较短。整个网状就是一个节点，每一个节点都对用户承诺，和用户相连，节点和节点之间还有全员的契约合同。

当这个网状组织建好以后，领导和中层也就消失了，企业可以快速对市场做出反应，可以瞬间进行组合。例如，P2P网贷公司组织架构可以设置为：董事会、总经理、各个部门（客服部、技术部、业务部、财务部、风控部）等。

（2）主动建立分权化的组织

互联网企业组织结构要受到业务种类、数量和地区分布的影响，业务种类和数量不仅数量多，而且分布广，组织架构更多地要考虑分权，可以采用的组织结构有项目制，产品、事业部，甚至是子公司（集团）。

分权化组织，不仅可以提高下属部门管理者的责任心，促进权责的结合，还能够提高组织的绩效；不仅可以减少高层管理者的管理决策工作，还可以提高高层管理者的管理效率；更能够形成自组织、自适应的体系，有很强的创造力和应变能力。

（3）实现管理和技术的专业化

任何措施的执行都离不开专业化，如果企业的管理和技术都是非专业的，企图蒙混过关，企业谈何发展？要想提高执行力，要想设立合理的组织构架，就要按照"专业、专注、专营"的原则设置专门的机构，实行专人专岗办业务，进行统一的专业化经营与管理，实现管理和技术的专业化。

2. 如何判断企业组织架构的合理性

企业的组织架构是一种决策权的划分体系以及各部门的分工协作体系，组织架构需要根据企业总目标，把企业管理要素配置在一定的方位上，确定其活动条件，规定其活动范围，形成相对稳定的科学的管理体系。那么，互联网企业该如何科学地判断企业组织架构的合理性呢？通常来说，要按照以下几个步骤：

（1）看看现有的组织构架是否适应企业发展需要和管理科学的基本要求。企业的规模、企业产品的市场占有率是否产生了内在的调整需求，一般的表现标志是：尽管企业规模扩大、人员增加，但企业效率提升速度不匹配，企业内部不协调，推诿的事情经常发生，内部协调工作经常需要上级领导来协调；原有部门、岗位不能适应企业的发展和生存的需求，部门经理、岗位人员明显感到工作不知为何为、不知为谁为、视而不见麻木无为、消极或积极乱为。

（2）看看企业是否到了不调整就不能取得更好的效果的时间；是否在恰当的时机里进行调整或优化；是否会因为机构调整长时间打乱企业的原有正常经营生产秩序；是否能有助于企业在今后的发展中踏上新的起跑线；是否能促进快速提升经营业绩、管理水准；是否具有"退半步，进一步或进两步"的效果等。

（3）看看企业是否能最大限度合理地使用人力资源，比如：是否有合适的人员或机构来优化调整；是否能广泛发现能为公司所用的人才；是否能最大限度发挥现有人才的作用；是否发掘现有人才的潜力；是否能引进企业急需的人才等。

（4）在现有基础上改进不协调的组织关系，预防和避免今后可能存在的摩擦关系。优化的表现结果应该是：部门职能清晰、权责到位，能够进行评价和考核，部门间的管理联系、工作程序协调，公司的管理制度能有效实施。

（5）优化调整部门和岗位时，既要不考虑现有人员，又要综合考虑现有人员；不能为了照顾人情关系，而设立人情部门或岗位；同时，又要综合考虑现有人员的品行、企业发展所需要的能力和潜力等。在品行有保证，风险小的培养价值的前提下，有意识地将部门、岗位和人才培养结合起来。

（6）设置的组织机构具有一定时期的稳定性，能将旧的机构平稳引到、过渡到新的机构；人员的岗位调整能顺利平稳过渡到新的部门和岗位；不适应的原有岗位人员能平稳地离职，不会因为个别人员的离职而给企业带来负面影响，不会因为个别人的离职带走人员，导致员工对企业产生没有信心的思想变化。

制度不完善，缺乏流程执行的保障机制

在我国，很多互联网企业并不缺乏制度和流程，但它们面临的很大问题就是制度和流程执行不力，尤其是缺乏秩序和流程产生与执行的保障机制。如何保障流程制度的执行呢？在仔细分析完流程不执行落地的原因后，我们可以逐一突破。

很多互联网企业花大力气做了很多流程优化工作，也形成了厚厚的文件手册，可是结果发现流程不执行，不落地，所有前面的工作统统白做。因此，如何保障流程执行刚性是在流程优化时要重点考虑的内容。

聚 美优品是一家化妆品限时特卖商城，首创了"化妆品团购"模式：每天都要在网站推荐十几款热门化妆品。2014年6月，

聚美优品低调上线了"海淘网站海外购"，9月全面发力海外购，并在首页开通了独立频道。

可是，这样的高速成长却给聚美带来了一系列问题：是与创业伙伴继续保持和气，还是用"带头苛责"刺激他们进步；是招聘熟练但未必适合聚美的"成手"，还是选择承担流失风险自己培养新人……这些内容都是这个"80后"团队从未经历过的，也是从未管理过千人以上企业的陈欧不曾掌控过的。不过，陈欧有自己的"导师军团"，更有一套独特的"以战养战"的打法。

在品控管理方面，聚美想出了一个绝招——设置两个质检团队：一个在办公室和专柜验货，一个在仓库验货。他们之间互相验货、制衡，被验出存在问题产品的一方要向检验者支付奖金。两个团队之间的利益互斥和对冲，产生了很好的品控效果。

一直以来，聚美优品都坚持只从品牌厂家、正规代理商、国内外专柜等可信赖的进货渠道采购商品。这样，就在源头上保证了正品品质，不仅为聚美优品赢得了广大消费者的信任，更让聚美优品得到了众多知名媒体的深入解析和行业人士的高度评价，进行了卓越的"口碑"传播。

制度是互联网企业运营的法规性保障，没有制度，或者制度不完善，很难想象企业会乱成什么样子。互联网企业内部的管理制度缺一不可，如果缺失哪一方面的制度，就会造成管理制度上的空缺，经营管理中议事无规则，就会让有些人钻无制度的空子，做出影响企业形象的行为，或者出现有损企业利益的问题。

其实，在我国，很多互联网企业并不缺乏制度和流程，但它们面临的最大问题就是制度和流程执行不力，尤其是缺乏制度和流程产生与执行的保障机制。

那么，如何来保障流程制度的执行呢？仔细分析完流程不执行落地的原因后，我们完全可以从三方面来逐一突破：

1. 不知道有流程，或不知道流程如何执行

很多互联网企业的流程是由流程编制人埋头苦写的，进行流程文件修订后，经过修订审批，之后就在内部办公网或者公文通知栏上一挂："××流程/制度自×月×日开始执行"。

当时觉得万事大吉，可是一段时间后，调查发现这些公文要么都被忽略了，要么大家读了流程制度不明重点，搁置了事，结果企业的状况依然如故。如何解决这个问题呢？可以从两方面做起：

（1）流程优化方案讨论共识

在流程优化的过程中，不要让流程编制人只顾埋头写文件，要让他们和流程上涉及的岗位负责人详细调研沟通，收集各方意见；同时，还要就流程优化的结果召开跨部门的沟通会，让大家理解优化的背景、目的和优化方案的要点，结合当前的实际情况，对于优化内容达成共识……如此，才能为后续的推行落地奠定基础。

（2）加强流程培训宣导

对涉及范围大、有重大调整的流程，必须对所有流程参与者进行具体的培训和宣导，更好地让流程执行者掌握流程的要点。对于大规模重

复的流程来说，其难点就在于，怎么用一个浅显易懂的方式让使用者掌握，并可以标准化地执行。对于这一点，有些互联网企业就做得不错，比如制作影音文件、模拟业务场景等。

2. 流程与实际业务脱离，执行起来异常困难

流程的标准化和合理性是能否有效执行的前提。在制订流程的过程中，如果不进行充分论证，流程就会不合理。在业务发生变化后，如果不及时对流程进行调整，也会直接导致流程和业务脱离，无法指导业务执行。

要想解决这个问题，关键是要保障流程优化与业务调整的"与时俱进"，为此，可以从以下几个方面做起：

（1）落实流程责任人和职责

任何事情的落地，首先都要找对责任主体。要保证流程持续优化，首先就要确定流程责任人。那么，究竟什么是流程责任人呢？所谓流程责任人，就是对流程的绩效负责的人。那么，谁对流程的绩效负责？在互联网企业里，通常有两种做法：

方法一：管理整个流程上核心环节的高层领导，比如品牌管理流程，可以设立为企业的营销总裁。这种方式是最强势的流程所有权的实现方式，适用于互联网企业最核心或迫切需要改进的流程，可以借助高层的权威快速推进优化。

方法二：在每个流程上，通常参与的部门都不止一个，可以从中选择一位核心经理作为流程责任人，比如品牌管理也可能是互联网企业的品牌管理部的主管。

当然，不管是高层领导，还是平行部门的部门经理，作为流程责任人都需要掌握流程责任人的技巧，比如谈判协商能力、影响力、协调能力等。

（2）赋予流程责任人清晰的职责

确定了流程责任人之后，就要赋予流程责任人这个角色清晰的职责，不能仅仅在口头上说"我任命你是流程责任人，好好干吧"。这样做，只会把流程责任人搞糊涂，导致流程责任人不作为或者碰壁而回。

企业在赋予流程责任人职责的同时，更要赋予这个角色真正的力量。这个角色的工作做得好与坏，取决于带来的真正结果。企业高层要真正意识到流程责任人这个角色的存在，同时对其进行有效的监控，还要将这一角色纳入到权力系统，给予其职业升迁机会，如此才能有效激励员工们对这份工作的渴望。

（3）流程KPI评价和回顾

要想对流程进行持续优化，就必须有明确的抓手，比如对流程KPI的测评和定期回顾讨论机制。一个企业对流程的重视程度是多少，是否真正以流程为核心来开展工作，关键体现在有无定期的会议来对流程的改进进行讨论，或者将流程优化的讨论议题纳入到战略执行回顾会（或经营分析会）这样重要会议的一部分。

3. 不愿受流程约束，不愿按照流程开展工作

流程执行不力的一个重要原因，就是员工不愿意受流程的约束，不愿意按照流程开展工作。可是，没有规矩不成方圆，有了规矩不执行也是白搭。为了提高流程的执行力，就要调动员工的积极性，让他们主动

参与到工作中来，积极按照流程工作。

流程的执行力是否强劲，取决于强制的手段和文化理念的推动，具体来说，需要做到下面四个方面：

（1）重视IT系统的固化

很多互联网企业认为，IT固化是解决流程执行力的有效手段。当流程都在IT系统上运行的时候，是否执行就会一目了然，不执行流程的人也将"无处逃遁"。同时，流程E化还具有信息共享、手工处理自动化、知识积累等多种优势，因此，对于一个大规模重新执行的流程来说，为了提高执行力，首先就要重视IT系统的固化。

（2）实施流程上的会议管理

对于一些战略或流程中有多项评审决策点的流程来说，要想提高效果，就要以会议作为流程执行的发动机，比如：公司的战略制订，其核心是"在什么时间要召开战略务虚会""什么时间召开战略发布会""什么时间对下属业务单元的战略规划质询会"……

这类流程执行的频率相对不高，可是在对时间和要求较高的时候，可以以流程上的会议为关键节点来进行管理，通过定时的会议制度产生压力。没有人愿意在同事面前丢面子，预期的公开曝光，会将由于懒散导致的拖延和不必要的失败最小化。

（3）做好流程的审计和监控

流程的执行与否必须要有相应的监督考核机制，通过流程的稽查、测评，可以保证流程的落实和改进。同时，要建立相应违规责任追究制度，比如提高违反流程的成本等。

（4）做好流程文化宣导

前面提高的都是一些刚性举措，可是，对于互联网企业来说，要想获得真正长久的发展，依然需要一定的文化影响力。互联网企业要逐渐形成以流程做事的准则，重视流程的权威性，通过流程的视角来看问题。让企业用流程的意识引导员工工作的时候，就会在潜移默化中，对员工的行为习惯造成影响。

奖惩不配套，导致出现机制执行不力

> 没有考核，就没有管理；没有奖惩，考核就会形同虚设，员工就会"吃大锅饭"。有了"大锅饭"，谁还会努力工作？由此可见，当互联网企业没有建立科学、配套的薪酬与奖惩考核激励机制，或者出现机制执行不力等问题时，也会严重挫伤管理者和员工的工作积极性与工作执行力，甚至引发牢骚和抱怨。

很多时候，奖惩不配套也是导致执行不力的一个重要方面。杰克·韦尔奇曾一针见血地指出：没有考核，就没有管理；没有奖惩，考核就会形同虚设，员工就会"吃大锅饭"。有了"大锅饭"，谁还会努力工作？

由此可见，当互联网企业没有建立科学、配套的薪酬与奖惩考核激励机制，或者出现机制执行不力等问题时，也会严重挫伤管理者和员工的工作积极性与工作执行力，甚至引发牢骚和抱怨。在产品模式执行上，值得拿出来讨论的案例就是腾讯。

在腾讯，拥有权利、压力、奖金最多的一群人是产品经理和产品小组成员。腾讯虽然是一家互联网公司，可是其内部架构却好似为经营传统产品而设。腾讯公司将所有的业务产品化，实行事业部制，将收入指标分配到每个产品经理头上，让每个人都成为一个小老板，其收入与产品挂钩。这种机制使得腾讯成为中国互联网界盈利能力最强的公司之一。

腾讯内部按季度考核，一个产品组每个季度的指标都不一样，大约会比上个季度增长10%左右——这个指标会按照产品的活跃期进行调整。而完不成任务的组将会被扣分，进而影响季度奖金和全年奖金。

腾讯的产品经理，不仅要负责产品的规划、用户体验设计、流程设计，还要根据产品特点制定总体和阶段性推广策略，组织、协调产品研发、运维、客服等各部门实施活动方案；更要对活动结果进行收集整理，对推广渠道的有效性、活动质量和产品改善建议进行有效的评估分析。

腾讯将业务产品化，实行事业部制，收入与任务指标挂钩，其将传统的销售管理模式移植到互联网企业的产品执行上，通过这种利益激励机制能强化产品执行人的动力。

同时，产品经理和产品小组直接参与和负责产品体系的全程，从产品的规划、用户体验设计、流程设计等每一个具体的执行细节，都是责任明确的，这样就大大减小了部门之间协调和沟通的成本。这就再一次说明，一个可以给用户带来价值的产品模式，只有执行到位，才能真正完成产品模式，才能给用户带来预期或超过预期的效果。

在互联网企业运作中，单一的管理制度只是对员工日常工作的要求和约束，要想提升员工的工作积极性和效率，就必须让他们看到利益。无论这个利益是物质的，还是精神的，都会对互联网企业的日常运作产生极大的作用。

制定配套的奖惩制度，不仅可以极大地激发员工的积极性，还可以大幅提升公司运作的效率；不仅可以激发员工的羞耻心，还能够提升员工的荣誉心和责任感。只有制定合理的奖惩制度，才可以提高员工的积极性，才能够提高工作的执行力。那么，如何才能做到这一点呢？

1. 明确企业奖惩制度的内容

要想建立与企业匹配的奖惩制度，首先就要明确奖惩制度的内容。概括起来，奖惩制度主要包括这样两项内容：

（1）奖惩的条件

对于忠于职守、有创新、做出突出贡献者，要给予奖励；对于违反劳动纪律、玩忽职守、有渎职行为，造成经济损失者，要给予惩处。

（2）奖惩的种类

奖励一般分为：记功、晋级、通令嘉奖、授予先进工作者等。在给予这些奖励的时候，要发给获奖者一次性奖金和奖章。

惩罚分为两种：行政处分和经济制裁。行政处分（也称纪律处分）一般分为：警告、记过、降级、降职、撤职、留用察看、开除等，开除是最高的行政处分；经济制裁，主要是给予一次性罚款，或者扣发一定数额的工资。

2. 设立奖惩制度的方法

对于互联网企业来说，要想建立一套奖惩制度，要涉及很多方面的内容，领导者要通盘考虑，保持活动的合理间断，提高刺激频率。

（1）公司股权/股份的激励

很多互联网企业都知道，仅靠工资激励、福利激励、企业文化激励还不够，企业必须培养员工的主人翁意识，因此可以分配公司的股份和股权给员工。将公司中若干股份作为奖励，让员工以期权、股票的方式持股，就可以让员工感觉到自己在公司中的主人翁地位。

（2）加薪

加薪是一种比较普遍的激励方式，共包括两种方式：一种是加基本工资，一种是加津贴。如果某个团队成员在一个阶段表现很好，可以以奖金的方式来体现激励，因为一旦加了工资，第二年企业成本也会相应提升，而且这个人是此阶段表现不错，并不是全过程；如果当某人是一个稳定的杰出贡献者时，则可以主动为其提升工资。

（3）福利激励

在团队当中，如果想提高团队士气，可以改善团队成员的福利。

概括起来，福利激励方法包括以下这些内容：

◇美味的工作餐（免费）　　　　◇住宅电话

◇健康保险储蓄　　　　　　　　◇购买健身卡

◇送健身器械　　　　　　　　　◇节日礼金

◇职业保健　　　　　　　　　　◇节日礼品

◇付钱为员工订杂志　　　　　　◇美容

◇严格的社会保障　　　　　　　◇额外的商业保险

◇送给员工比较流行的饮料或食品　◇班车

◇报销子女的部分入托费或学费　◇住房补贴

◇交通补贴　　　　　　　　　　◇采暖补贴

企业福利的措施最主要取决于企业的环境、企业实力和文化。

（4）优秀员工榜

为了激励员工，还可以建立优秀员工榜，很多互联网企业都在采取这种激励方式。优秀员工榜可以每个月评、每个季度评，但绝不是轮流"坐庄"，否则就无法达到应起的积极作用。

那么，怎样评选优秀员工呢？

①每月一次，由所有的管理层成员一起用无记名投票的方式选出在不同部门中表现好的候选人，对每个人的优点和缺点进行分析，结合他的绩效考核结果，确定最终名单。

②优秀员工评比后，把优秀员工的照片放大粘贴在公司醒目的位置，对他是一个很大的激励。

③领导可以邀请优秀员工的家属来单位，陪同他们参观。通过这样的方式，员工的家属会感受到很大的荣誉；员工则有机会在家人面前展现自己的成就；而管理层也真正做到了以人为本。

（5）员工团建释放

团建也是员工压力释放的一种有效方法，比如，在开业前一天的晚上，可以举办一个员工欢乐夜，请所有员工一起参加。那一天他们是贵宾，管理人员都要充当服务员；员工可以坐到大厅里享受美味，而管理人员要在厨房里忙来忙去，给员工和亲属们上菜、端酒。

通过这种员工团建欢乐夜的方式，就会将员工和管理者的距离拉近很多，等到第二天开业时，员工会以高昂的士气投入到工作中。

（6）旅游的激励方式

可以让员工带着家属一起出去旅游。这种方法不仅能让平日在办公室里工作的员工放松疲惫的身心，还能让一直在外面奔波见客户的业务员陪伴自己的家人。

3. 遵守奖惩制度设计的原则

奖惩制度是互联网企业规范员工行为和激励员工工作热情的重要手段，因此，设计一套合理有效的奖惩制度不是一件容易的事。大体上，需要遵循以下九大原则：

（1）必须事先约定好针对什么样的行为进行奖励或惩罚，奖励或惩罚的程度怎样。要让被管理者明白，什么事是该做的，什么事是不该做的，什么行为是可以容忍的，什么行为是不能容忍的，为被管理者提供一个意志行为选择的依据。

（2）必须事先约定好奖惩的方式、方法。无论是奖励还是惩罚，都必须对应不同的行为和行为程度，有明确的奖惩的方式、方法限定。

（3）必须是事先共同约定好奖惩的程度，为被管理者提供一个意志行为选择的依据。

（4）所制定的奖惩依据必须全面公开，要让管理者和被管理者都能准确、全面地把握其具体内涵和要求，以免发生为了奖励而奖励、为了惩罚而惩罚的无效活动。

（5）奖惩依据的制定必须公开透明。避免把奖惩的设定针对具体专门的对象。而是真正使奖惩成为诱导员工行为选择的有效激励措施，和互联网企业激励机制建设的主体内容。

（6）奖惩的依据必须保证相对的稳定，即使要修改，也必须有让人认同的理由，以免把奖惩依据变成没有约束力的文字游戏。

（7）必须严格明确奖惩的依据，不能把新制定的奖惩依据用于其正式颁布之前的行为上。针对奖惩依据制定和公布之后，只有让每个人明确了，才会具有约束力。

（8）奖惩的依据必须具体明确，不能仅仅只是一个原则性的说明。过于原则性的奖惩依据只会给奖惩的实施带来不确定性，降低这种奖惩的激励作用。

（9）必须确定奖惩依据兑现的具体责任人，不仅要让应该获得奖励的人能够根据自己的行为主动申报奖励，还要让该受到惩罚的行为让人有地方去举报，给予惩罚。

4. 不要忽视了奖惩制度应注意的问题

奖惩制度体现了互联网企业的价值取向，必须明确鼓励什么、反对什么、提倡什么、抑制什么。在奖惩中，有六个问题是需要注意的：

（1）奖与罚必须并存，做到奖优罚劣。

（2）奖惩要及时。不管是什么问题，在它发生之后，要及时奖励或惩罚。否则，奖惩的效果就会大大削弱。

（3）要注意守信。该兑现的奖励不兑现，会失信于民，以后再去号召鼓励，就没人听了，因此一定要守信。

（4）实行公正的差别奖励。必须反对平均主义，平均分配奖励等于没有奖励。

（5）奖惩要适度。奖励过重会使员工产生骄傲和满足的情绪，惩罚过重会让员工感到不公平，惩罚过轻会让员工轻视错误的严重性，因此一定要适度。

（6）对于绝大多数员工来说，表扬和鼓励不仅会使他心情愉悦，产生满足感、成就感，更能激发他上进的信心，因此要重视精神奖励的作用。

人员不匹配，外行管理内行损害组织执行力

> 人是影响互联网企业组织执行力和个体执行力最为重要的能动性因素。互联网企业管理者和员工队伍的素质、能力和经验等都会影响到他们对互联网企业战略、经营计划和工作执行的不同理解与表现，如果"帅""将""兵"的配置失衡或者不合理也会导致组织执行力低下。

在传统企业，有些时候是让外行管理内行的，不可否认，采用这种方法确实能够给企业带来一定的好效果。可是，对于互联网企业来说，这种管理方式就不可行了。互联网企业有其特殊性，如果让一个"空降"的外行来管理"内行"员工，不仅会带来技术上的问题，还会带来

管理上的问题，执行力也就无从谈起了。

管理者和下属需要合理搭配，比如"内行"管理"内行"。如果让一个"外行"来管理"内行"，效果可想而知。

古永锵接受过国外商科教育，不仅经历过多年来跨国公司里的实战和历练，积累了丰富的国际管理和经营经验；而且，还拥有逾八年的国内投资和运营经验。再加上他在中国香港地区以及澳洲、美国三地生活过……可以说，在创办优酷网之前，古永锵已经经过了一个修炼和积累的过程。

2006年6月，古永锵重新回到国内互联网界，创办了视频网站——优酷，利用其十几年职业生涯积累起来的强大资源，使优酷获得了迅速发展，一年之间便成为国内视频网站的代表之一。古永锵利用其丰富的经营经验和人脉资源，迅速打造了一颗网络新星。

2012年3月，优酷网与土豆网宣布以100%换股的方式合并，成立优酷土豆股份有限公司，他出任优酷土豆集团董事长兼首席执行官（CEO）。

人是影响互联网企业组织执行力和个体执行力最为重要的能动性因素。

互联网企业管理者和员工队伍的素质、能力和经验等都会影响到他们对互联网企业战略、经营计划和工作执行的不同理解与表现，如果"帅""将""兵"的配置失衡或者不合理也会导致组织执行力低下。古永锵之所以能够成功将优酷运营起来，就是因为有着丰富的行业经验。如果其缺乏专业知识和经验，效果可想而知。

在互联网企业中，如果让"外行人"管理"内行人"，"外行人"根本无法服众，这也是导致组织执行力不高的重要因素。如果管理者不懂业务、不懂实践，会让一个团队，甚至一个集体全军覆没。

"外行"领导"内行"的事情，在互联网企业管理中是一大忌，是互联网企业应该避免发生的，为什么呢？

1. 不熟悉企业的管理思路，工作无计划

作为管理人员，看到自己不熟悉互联网企业的管理思路，有些人就会亲自到基层去了解，去和各部门的员工、负责人沟通交流。可是，也有一部分人自以为是，觉得"以前我在某某单位就这样干的，我的理论就是放之四海而皆准的，你们就要按我说的干"。结果不少人工作很累，而业绩却寥寥，因为大部分时间都花在领导的自以为是上面了。

2. 倡导假民主，打击说真话的人

许多"空降"来的管理者，会打着民主的旗帜，让大家畅所欲言，比如：谈对部门或者科室存在的问题，以及下一步如何发展……结果，说真话的人往往受到打击。

3. 瞎指挥，乱指挥，装样子

这样的领导是"外行"领导的重点体现。他们喜欢指挥一些内行的人干这干那。如果结果不理想，他们就会说：那些人不坚持我的管理思路，结果最后把事情干成这样了。

这样的人纯粹就是公司的负资产，应该让适合的人干适合的事情，如此才不会影响互联网企业的正常发展，这是每个互联网企业家应该慎重考虑的事情。

文化不强势，过分强调自主式柔性管理

> 很多互联网企业都在倡导"无为而治"和"以人为本"的自主式柔性管理文化，这种尊重人性和人权的管理思维出发点本无可厚非，可是任何的管理思想、理念、模式和做法必须要结合不同互联网企业的独特土壤环境。其实，要想提高执行力，就要"软"与"硬"两手都要抓。只有注重软环境，才能提升软实力；只有讲究管理艺术，才能体验快乐。

在强调人性化的今天，很多企业都强调"柔性化管理"。"柔性管理"是相对于"刚性管理"提出来的。"刚性管理"是以"规章制度为中心"，用制度约束、管理员工；而"柔性管理"则是"以人为中

心"，对员工进行人格化管理。

"柔性管理"的最大特点就在于，它主要不是依靠外力来管理员工，如发号施令，而是依靠人性解放、权力平等、民主管理，从内心深处来激发每个员工的内在潜力、主动性和创造精神，使他们能真正做到心情舒畅、不遗余力地为互联网企业开拓优良业绩，成为互联网企业在全球激烈的市场竞争中取得竞争优势的力量源泉。

"柔性管理"的特征是：内在重于外在，心理重于物理，身教重于言教，肯定重于否定，激励重于控制，务实重于务虚。

由此可见，在知识型企业管理柔性化之后，管理者更加看重的是职工的积极性和创造性，更加看重的是职工的主动精神和自我约束。

柔性管理，究其本质，是一种"以人为中心"的"人性化管理"，是在研究人的心理和行为规律的基础上，采用非强制性方式，在员工心目中产生一种潜在说服力，从而把组织意志变为个人的自觉行动。

如今，很多互联网企业都在倡导"无为而治"和"以人为本"的自主式柔性管理文化，这种尊重人性和人权的管理思维出发点本无可厚非，可是任何的管理思想、理念、模式和做法必须要结合不同互联网企业的独特土壤环境。

大量的管理实践证明，我国大部分的互联网企业靠组织成员"自觉"或"自律"是无法实现互联网企业预期管理目标的。阿里、百度等国内知名龙头互联网企业，其管理背后都有一股强势的组织执行文化在发挥着重要作用。

其实，要想提高执行力，就要"软"与"硬"两手都要抓。只有注重软环境，才能提升软实力；只有讲究管理艺术，才能体验快乐。当然，这里的"软硬兼施"共有七层含义：

（1）既要注重管理的科学性，又要讲究管理艺术。

（2）既要加强硬件投入，如对培训中心等的投入、金钱的激励；又要注意氛围、文化、价值观、尊重信任等环境因素的影响。

（3）既要合理保持制度的刚性，又要妥善把握操作的灵活性和管理的差异化。

（4）资金、土地、设备、物理工艺流程可以称为硬资源，而人力资本、知识产权、知识库、企业文化、品牌等则可以称为软资源，智力资本就是互联网企业的软资产。

（5）对员工成长与发展的支持，既包括轮岗、赋予职责、提供资源等硬支持，也包括教练、辅导、改进、团队协作等软支持。

（6）对人才除了学历、专业技能的"硬件"要求外，同时也要看重员工的"软件"素质，包括团队合作能力、沟通能力、逻辑思维和分析能力、创造能力等，特别是能否符合互联网企业的价值观。

（7）强化管理，打牢基础，提高管理能力、管理水平，实现管理到位。

只有软硬兼施，互联网企业才有可能成为智力资本型企业，才能提高执行力，才能依托于创新、创造，保证互联网企业的可持续发展。单纯资源消耗，靠高压、驭人的管理，互联网企业只能是舍本逐末。尽管短期似乎有效，损失的却可能是未来的增长。

第三章
互联网企业如何打造员工个人执行力

互联网企业的发展离不开员工的努力。如果说，企业是船，那么员工就是水。水能载舟，亦能覆舟！同样，如果想提高企业的执行力，首先就要从员工入手。不仅要激发员工的创新意识，还要鼓励员工善于发现问题、解决问题；不仅要鼓励他们积极创新求变，还要允许员工试错，慷慨地对待员工……企业如何对待员工，员工就会怎样对待企业。企业如果想提高执行力，千万不能忽视了员工！

创新：互联网企业的员工都应该是创新高手

> 员工的能力和潜质都是无限的，为了能够有效地激发员工的工作积极性，就要让员工在内心深处认识到企业的实力，让其相信团队和集体，更好地为互联网企业服务。当员工在适当的时机提出了自己相应的合理化解决方案时，领导人采用适当的方法给予肯定，定然能够让员工感受到企业领导对于自身的信赖，从而帮助员工在创造力上取得有效的进步和发挥。

如今，在创新领域，竞争激烈，瞬息万变，真正的创新必须"领先于事实"，来提供可持续的差异化。要想提高执行力，就要重视创新，要鼓励员工都成为创新高手。为了保持一定的竞争优势，公司必须通过招聘、拓展和留人的方式营造和谐氛围，让团队成员发挥创新能力。

一直以来，谷歌都鼓励员工创新。员工可以充分发挥自己的想象力，企业具有极强的创新氛围。

谷歌事业部总裁戴夫·基勒德（Dave Girouard）曾经说过："谷歌的特别之处是其创新氛围由创立至今没有丝毫减弱，这对每一位年轻人都充满了吸引力。我想这是它与其他很多科技互联网企业的不同之处。"

毫无疑问，谷歌之所以会获得巨大的成功，关键就在于其独特的"创新"文化。谷歌的创新之路打破陈规，推崇自由的工作空间，虽然已经不是新建的互联网企业，但公司刻意营造出了一种新建互联网企业的气氛，极大地激励了员工自我创新意识的迸发。

对于每一个新点子，谷歌都持赞许态度。谷歌没有自上而下的管理制度，员工有很大的自由发挥空间，他们可以在工作时间做自己认为应该做的事，既没有时间限制，也无须征求上司意见。这种工作模式对很多公司来说是一个大胆的挑战，可是，弹性工作制度能调动员工的工作激情，由此能激发巨大的自主创新空间。

谷歌的管理层认为，只有做自己喜欢做的工作，一个人才能对工作充满激情，工作效率才能提高；如果被动地执行上司布置的工作，就很难发挥个人的最大潜力。这是谷歌的核心创新宗旨。为了鼓励创新，谷歌员工可以利用20%的工作时间做自己工作以外的事情。

谷歌鼓励员工在上班时间尝试不同的事情，上司也不会过问。公司的很多产品就是在这20%的时间里开发出来的，比如谷歌新闻（Google

News）和谷歌电邮（Gmail）。

创新思维之父爱德华·德·博诺博士曾经说过："毫无疑问，创造力是人类最重要的资源。如果没有创新，社会就会止步不前，我们可能永远都重复着相同的模式，活在一成不变的世界里。"激发员工的创造力是带动互联网企业和谐发展的关键所在。

员工的能力和潜质都是无限的，为了能够有效地激发员工的工作积极性，就要让员工在内心深处认识到企业的实力，让其相信团队和集体，更好地为互联网企业服务。当员工在适当的时机提出了自己相应的合理化解决方案时，领导人采用适当的方法给予肯定，定然能够让员工感受到企业领导对于自身的信赖，从而帮助员工在创造力上取得有效的进步和发挥。

那么，如何才能激发员工的创新意识呢？

1. 通过案例的累积，对专人进行培养

要想提高创新效果，首先就要了解创造力和创新之间的差别。比如创造力，不仅要以富有想象力的方式切入问题，还要掌握所需的技能。而创造力是创新的必要元素。

创造力是不会自发地转化为创新的，必须经过日复一日的磨炼，通过每个案例的累积对专人进行培养。

（1）确保候选人与组织特性的契合

要想建立高绩效团队，首先就要找来富有激情、智慧和创造力的人员。除了叹为观止的学历和工作证明外，更要了解候选人与组织的契

合度。

不仅要洞察此人的教养和个性，看看他能否在掌握大局的同时兼顾重点；还要了解其家庭生活和社区活动，以及他们在这些场合中的反应。同时，要寻找此人在工作之外的环境中表现出的创造力，例如爱好、特长等。

（2）充分利用员工的差异性为团队或项目创造优势

在组建一个真正有创造力的团队的过程中，领导者要广泛接受不同风格的员工，并为身处其中而高兴；然后，再充分利用这些差异为团队或项目创造优势。要从员工的个人风格、优势和需求中了解可以通过什么样的方式将他们融入富有变化、高度互动的团队。

同时，团队成员之间还要实现互补，并不限于他们各自研究的科学领域，还包括其职业和个人生活的方方面面。企业要在许多方面激发他们的兴趣，增强团队的活力，尤其是在沟通方面的互动。

（3）领导者要保持灵活性和警觉度

作为一名领导者，也要利用直觉的智慧，抓住脑中的灵光一闪，信赖无法用逻辑解释的灵感，这个灵感偶尔也能让你渡过难关。如果能够保持灵活性和警觉度，跳出平时偏好的流程进行探索，往往能从随机的行动中受益，这些意想不到的事件能为你雪中送炭。

（4）领导者应当相信多样化的招聘流程

领导者应当相信多样化的招聘流程，重视人际关系中的价值，而不是外部公司送到你案头的一大摞简历。践行这样的流程，能让你打造出充满活力的团队，他们既具备创新的能力，又能将尖端技术转化为实际的产品。

实现快速有效的招到合适的员工离不开五点：首先是确认人才标准；其次是做好招聘信息的发布，为简历收集打好基础；第三是选择有效的招聘渠道；第四是筛选合适的简历；最后是确保使用有效的面试方法。当然，要想实现这一点，需要一个严格的流程来向参与其中的实践者提供明确的说明，并以此为准则进行讨论和决策。

2. 接受所有的团队成员

要想让员工具有创新意识，就要足够了解团队中的人，给予他们支持并提高他们的绩效，这样才算是真正迈出了第一步。

（1）了解团队成员，如他们的行动节奏、个人特质、知识的深度和广度等

要想对团队成员多一些了解，就要到他们的办公室与他们交谈，在不冒犯对方的前提下尽可能地深入了解他们，掌握他们有别于其他人的行动节奏。如果你能够了解自己所招聘的人才的兴趣爱好，欣赏他们的个人特质，体会他们的热情并与之共鸣，会让管理者从中享受乐趣。

（2）为团队找来知识和认识水平远超于自己的技术权威

向团队中的专家学习，不仅能丰富你作为领导者的体验，也是分享知识的一个首要元素。这项元素能够发挥出重要的作用，不仅有助于创造一种不屈不挠的企业文化，还可以让组织迸发创造力，并将其转化为创新。对你来说，如果这是一片全新的领域，完全可以向他们学习，逐渐扩宽你的知识面。

3. 给员工留出发挥的空间

创造型人才能够呈现出常人无法表达的内容，在这个过程中遵循某种难以言喻的"分寸感"，即使他们自己不明白为什么要这么做，或者这么做会获得什么样的成果。也许，他们自己都不知道这种灵感来自何方，但创造型的员工很熟悉这种体验，因此给员工留出发挥的独立空间是异常重要的。

（1）决策之前，先了解他们

在做出某个具体决策之前，要欢迎员工将其所有的生活和个性都引入工作中。不仅要了解员工，理解他们的生活，张开双臂接受他们古怪、独特的个性；还要主动寻找满足其需求的解决方案。为了鼓励创造流程的实践者在工作场合中将个性全部发挥出来，并释放出所有的创造能量，必须先了解他们。

（2）让创造型的人才听从直觉的召唤

创造型的人才身上有一个常见的特点：当他们听从冲动的召唤时，在这种直觉的引导下，他们就会对自己认定的事实深信不疑。拥有创造力的人，都会在内心渴望的驱策下，把自己的梦想、直觉变为现实。在实现的过程中，他们不会屈服于任何阻碍自己实现愿景的因素，这样克服困难的动力就会转化为开创性的力量。

（3）赋予创造型员工充分的自由

如果被赋予充分的自由，创造型员工会以自己的方式引导你成为称职的领导者，因此要给予员工充分的自由，最大限度地帮助他们（以及组织）交付创新成果。

4. 让富有创造力的人才率性而为

对于员工来说，终极的自由就是有能力追寻自己的梦想。在创造拓展时，如果组织没有足够的空间供敢想敢干的成员一展所长，那么他们迟早会另觅高枝。

鼓励员工发挥潜力，为他们提供支持，让他们飞得更高，是让他们实现自我的必要而非充分条件。如果采用"闭关锁国"的政策，想方设法防范员工跳槽，只会导致他们心生不满，这种负面能量培养不出高绩效团队。

让富有创造力、才华横溢的员工获得启发和激励，是领导力的一大挑战。作为领导者，要培养一种组织文化，让员工把留下来当做一种自由。

问题驱动：解决问题的愿望是执行力的根本动力

> 互联网企业的发展过程就是不断解决问题的过程。在实践中，互联网企业执行不力是普遍而严重的。企业上、中、下之间缺乏有效沟通，各自为政，制度责任流于形式，企业无法形成一个目标一致、进退有序的整体。如果领导头脑中没有解决问题的概念，他所做出的决策多半不具有可执行性。

问题是人不断进步的"好伙计"，是它不断催促你进步，是它拉着你不断前行，问题是执行力的驱动力。

互联网企业的发展过程就是不断解决问题的过程。在实践中，互联网企业执行不力是普遍而严重的。当前，不少互联网企业之所以会陷入困境，除了决策因素外，很重要的是执行渠道不通，梗阻严重。企业上、中、下之间缺乏有效沟通，各自为政，制度责任流于形式，企业无法形成一个目标一致、进退有序的整体。

如果领导头脑中没有解决问题的概念，他所做出的决策多半不具有可执行性，有时候还会做出错误的决定。员工若没有解决力，再美好的决策也只能是镜中花水中月，丝毫不会产生任何功效，业绩自然为零。

换一个角度来讲，决策、执行，本质上都是领导和员工解决问题的方式和手段之一，决策和执行，都是解决力的表现。为了有效地把决策力、执行力和解决力结合在一起，使我们做出的决策更科学，更具有可执行性，就要采用正确的方法，让领导者循序渐进地制定成功的决策。

第一步，建立需求和目标

只有找出促成决策后最原始的需求，才能拥有清楚的决策方向。在制定任何决策前，可以先想一下，制定决策原先的目标和需求究竟为何？在做了决策之后，可以得到的最好的结果是什么？

第二步，判断是否需要员工参与

制定决策可以由管理者独立完成，也可以邀请员工群策群力，得到更多样的选择和想法。不过，在此想强调的是"如何适时地让员工参与决策"。

一般来说，可以依照下列四项标准判断是否让员工参与决策的必要性：你是否有充足的信息制定决策？员工是否有足够的能力与必备的知识参与制定决策？员工是否有意愿参与决策过程？让员工参与是否会增加决策的接受度？

第三步，对可供选择方案进行比较

在许多情况下，管理者都容易受限于过去的经验，以至于无法思考更多的选择。因此，当决策不易判断时，管理者完全可以再回头思考基本需求，刺激自己产生更多的想法，进而拟定最佳的决策。

那么，究竟什么是基本的需求？如何创造更多的想法，以拟定最佳决策？要想解答这个问题，就要解决力的介入。比如：半夜两点，突然发现自己肚子饿了。于是，你想到晚餐时剩下的三明治。打开冰箱一看，这些三明治竟然不见了，只剩下奶酪。此时的你，该怎么办？其实回到基本需求，你的需求是解决"肚子饿"而非"三明治"。因此，在面对基本需求时，可行的解决方案不应只有"三明治"，还应有其他的食物。所以，奶酪就成了新的解决方案。

第四步，对负面情境有效评估

即使是符合需求的最佳决策，也会因为一些因素的介入而产生一些非预期的问题。因此，管理者必须随时思考负面情境发生的可能性，以备不时之需。最好能先针对可能的负面情境，设想出应对的措施。

针对可能的负面情境，管理者可以就下列问题进行较全面的思考：你所拥有的信息正确吗？信息来源是什么？无论从短期或是长期观点，你都会下这个决策吗？这个决策结果对于其他正在进行的事项有何影响？这个决策对于组织其他部门是否会造成麻烦，或产生不良反应？哪些因素可能改变？这些改变有何影响？目前或未来组织高层、管理、技术的改变，对决策者有何冲击？

第五步，确定最佳的决策方案

在进行了前面的四个步骤后，而且管理者已能清楚掌握需求、目标、必须做的事、想要做的事，并确定评估负面情境后，就不难选出最佳的决策了。

千万不要落入"分析的瘫痪"陷阱。任何犹豫不决，或认为所想的方案都不符合理想中的最佳方案，结果到最后一个决策也没下，这是解决力极端匮乏的表现。

创新求变：互联网企业员工的发展新突破

在知识产权领域，有些边界是法律难以划清的，所以需要互联网企业之间形成相互尊重创新的价值观念，尊重任何一个创新的劳动，使用或获得他人的创新成果应通过正当的手段。互联网企业要不断提高创新能力，如果能得到专利保护，就不会被抄袭和侵权。只有积极创新求变，才能发展！

有这样一个著名的试验：

科学家把六只蜜蜂和六只苍蝇装进一个玻璃瓶中，然后将瓶子平放，让瓶底朝着窗户。结果，蜜蜂不停地想在瓶底上找到出口，一直到它们力竭倒毙或饿死；而苍蝇则会在不到两分钟之内，穿过另一端的瓶颈逃逸一空。

由于蜜蜂对光亮的喜爱，它们以为，"囚室"的出口必然在光线最明亮的地方，因此不停地重复着这种合乎逻辑的行动。然而，正是由于它们的智力和经验，蜜蜂失败了。

那些苍蝇则对事物的逻辑毫不留意，全然不顾亮光的吸引，四下乱飞，结果误打误撞碰上了好"运气"。这些头脑简单者在"智者"消亡的地方反而顺利地得救，获得了新生。

这个实验说明，试错、冒险、即兴发挥、随机应变有助于应付事物的变化。如今，每个人都在不同程度地被自己的习惯和惯性思维所左右，例如，人们上班时总是习惯走一条固定的路线，或是乘坐固定的某路公共汽车；出差时，喜欢住在自己熟悉的宾馆……道理很简单，因为人们相信经验，害怕改变，担心改变会为自己带来不必要的麻烦。但遗憾的是，人们的这种习惯很多时候并不是最佳的选择。

和创（北京）科技股份有限公司是一家高新技术企业，主要为大中小企业提供基于SaaS模式的移动营销管理服务，其针对企业所面临的最重要的销售管理问题研发出了"红圈营销"移动销售云服务平台，全面解决了企业销售团队的拜访计划、客户管理、沟通协同与数据报表方面的管理需求。同时，公司还基于快消、农牧、医药、服装与建材等各行业特点，成功开发了行业标准化模块解决方案，已经为国内40多个行业提供了精准的移动销售云服务。

2015年7月，和创科技宣布与阿里巴巴钉钉达成战略合作协议，2015年8月，红圈钉钉产品正式上线。和创科技通过阿里巴巴钉钉高效、安全的工作商务沟通平台，将行业移动CRM与统一通讯平台做了深入整合，以用户视点打造云和移动时代的新"红圈营销"解决方案，为用户提供更高效、更安全、更简单的工作方式。

和创科技的使命是通过移动智能终端帮助国内中小企业的销售管理移动起来，实现其销售业绩的增长。其企业文化之一就是持续创新，因此对员工提出了这样的要求：迎接变化，勇于创新；对于行业和公司的变化，认真思考并充分理解，积极接受；在工作中具备前瞻意识，不断尝试新方法，新思路；即使创新产生了挫折和失败，也能重新调整，以更积极的心态拥抱下一次创新。

其二，鼓励员工拥抱变化。要求员工快速适应公司的日常变化，不抱怨；面对变化，理性对待，充分沟通，诚意配合；对变化产生的困难和挫折能自我调整，并正面影响和带动同事；在工作中有前瞻意识，建立新方法、新思路；创造变化，并带来绩效突破性地提高。

由此可见，在互联网企业工作，员工必须懂得创新求变，否则不利于自己的发展。

允许试错：互联网创业企业的员工执行力成长课堂

> 软的泥土，才能使作物茁壮成长。容忍、宽容失败的"试错"文化，能够创建宽容的环境，让员工能够突破固有思维，打破常规；对于员工来说，只有勇于"试错"，才能激发自己无限的潜能，才能成为时代的强者。当赋予人们犯错误的空间越大时，便越有利于创新，因此，互联网企业要发展，就要鼓励创新，鼓励创新，就要允许失败。

试错是解决问题、获得知识的一种常用方法，即根据已有经验，采取系统或随机的方式，去尝试各种可能的答案。当问题相对来说比较简单或范围比较有限时，试错的方法有一定效果。

如今，互联网异军突起，已经获得了快速发展，从开始不受关注，到今天成为焦点，充分表明互联网已经成为一颗耀眼的新星。

当然，互联网企业在快速发展中确实存在着泥沙俱下的现象。可是，伟大的创新有时就存在于某些看起来不成熟的想法里，所以要鼓励员工的每一次创新，舍得给他们机会去试错。有时候明知风险很大，仍然可以让他们去做。可以先小规模地尝试，如果结果不好，退回来便可；可是，试错中得到的宝贵经验却可以让团队大步成长。

2002年，百度的搜索业务经历了从后台走向前台直接面向用户的变革，很多事情都还在摸索之中。每当看到总监们过于担心，不敢让下属试错的时候，李彦宏经常会说："我们现在还是个小孩儿，有哪个孩子小的时候不跌个跤呢？这就不敢跌跤了，以后长大，就更不敢了。小批量试一下，马上就可以知道结果，知错就改，有何不可呢？我觉得，相比损失的那一点点流量，鼓励工程师有不断改进的想法和创新意识更为重要，它会给我们带来源源不断的前进动力。"

一天，一位工程师在餐厅碰到李彦宏，利用吃饭的时间，跟李彦宏探讨了一些产品方面的问题："能不能将搜索结果页模板的行宽从500像素调整为600像素？如果这样，不仅看着会更舒服，一页也能多出现两条结果，会有更好的用户体验。"

李彦宏想了想，回答说："这么改按道理说是好的，用户的显示器需要达到比较高的配置才行。现在，有不少用户的显示器可能还是1024×768的，那样一来，用户体验就不好了。你知道主流用户现在主要使用什么显示器吗？"

这个问题太复杂了，现在的电子产品特别丰富，而且不同地区、农村和城市的也不太一样。这位工程师想到这里，有点儿头大。看到对方有点儿泄气，李彦宏建议："其实，也没有那么复杂，可以直接面向用户小批量上线试一试。如果用户体验确实提升了，我们的流量肯定会增加；如果用户体验不好，我们不做就行了，问题也不大。"

这位工程师全力以赴，很快将相应的程序开发了出来。最后，百度选取了10%的用户，对新的结果页模板进行了小批量上线尝试。结果证实了李彦宏的担心——用户的点击量不增反降。由此可见，百度用户的设备还跟不上这个调整。

互联网企业领导者如果鼓励创新求变，就必须辅以"允许试错"的企业文化和制度设计。

软的泥土，才能使作物茁壮成长。容忍、宽容失败的"试错"文化，能够创建宽容的环境，让员工能够突破固有思维，打破常规；对于员工来说，只有勇于"试错"，才能激发自己无限的潜能，才能成为时代的强者。

2008年，成立了四年的京东商城在电商领域逐渐确立了自己的地位，同年8月大家电产品正式上线，京东完成了3C产品的战略布局。同年，对电商一无所知的余睿偶然地加入了京东，成为京东的一名管理培训生。

余睿肯定不会想到，随着京东的飞速发展，六年后他会被提拔为京东最年轻的副总裁，带领一万多人的团队在中国电商竞争激烈的华东区打拼。在京东2013年3亿多的订单中，有四分之一的订单是由余睿领导的华东区团队完成的。余睿见证了京东的崛起，而京东提供给他的，绝不仅仅是一份工作，更是一个舞台，一份事业。

回想在京东的这些年，余睿最感激的是公司给了他可以试错的机会。对于员工，余睿同样也会在不影响主营业务的前提下，给予一定试错的机会。他说："京东对创新的鼓励贯穿始终，我们在一线物流中心使用工具方面做了很多微创新，在内部管控方面做了很多数据模型。吸引了这么多传统行业的人才，我们一定要帮助他们在这个公司变得更加卓越。"

自称"抱着炸弹经营"的本田创始人本田宗一郎说："即使有某种程度的过激和错误，只要是积极的……也是允许的。这是年幼者的特权，不能随随便便就丢掉。"

诸葛亮说过："善败者不亡。"道理好懂，但在互联网企业里建立一种实实在在的鼓励试错的机制则相当难。在工作中，错误会导致严重的后果，因此，没有哪个企业愿意员工犯错。然而，越来越多的证据表明，当赋予人们犯错误的空间越大时，便越有利于创新。因此，互联网企业要发展，就要鼓励创新，鼓励创新，就要允许失败。

1. 分清对象与时间

在实践中，企业应就犯错的风险可控范围制定相应的标准。鼓励试错，首先要分对象。对于已经实践检验过的流程、制度和管理方法等，要有相对的稳定性；而对于想要改进的事物或者鼓励创新时，就要鼓励试错精神和实践。

试错要有基本原则，比如目的明确、有"高压线"、有"止损点"等，这样就能在鼓励试错的同时又不造成过大的损失。

2. 选择正确的时间段

在互联网企业发展初期，一切尚未成形，鼓励试错不仅可以帮助企业选择适合自己的路线及方法，还能有效增强组织成员的参与度，帮助其树立主人翁精神；在碰撞当中，还能够形成共同的文化及规则。

在企业发展的稳定、规范时期，需要的是沉淀，所以不赞成大范围的试错；而在企业发展的过程汇总，则要鼓励试错精神，但是要在一定范围内，配合企业的步伐进行。

3. 企业要为员工的试错承担后果

很多时候，员工并不怕犯错，怕的是错误产牛后领导推卸责任。如果仅是一味"喊口号"式地鼓励员工犯错，会出现以下问题：只鼓励员工犯错，却没有强调犯错后的思考，员工以后可能还会再犯同样的错误；员工不怕犯错是好事，但如果没有对犯错的"度"进行掌控，可能引起无法收拾的局面。

当员工因为创新而犯错时，企业能否包容？能否积极地对他的创新进行表扬和激励，并帮助其找到犯错的原因？当员工因为第一次接手某件事情做错了，企业的态度又该如何？不怕犯错是一种企业文化，需要各级领导以身作则慢慢引导。

企业，首先要掌握好犯错的度，不是单纯鼓励员工犯错，而是鼓励他们大胆创新、大胆做事；其次，管理者要拿出自己的魄力和胸襟，在员工犯错后及时地承担起责任，帮助其弥补过失，而不是一味地责备、怪罪；最后，领导要大胆放权，让员工放手去做，出错了有上级顶着，这样他们就不会有后顾之忧。

4. 避免出现原则性的错误

企业在适度"容错"的同时，也要客观地找出问题的症结所在，对症下药。对已经发生的错误要做好全方位的分析、总结，从中获取经验和教训。更重要的是，要找到杜绝此类问题重复发生的方法，形成制度和流程，并在员工中进行宣导和推广。

领导的核心能力在于预见，在于能看到或想到下属目前阶段还不能达到的高度和深度，因此在对下属做工作指导时，要提醒下属工作时应注意的环节，避免出现大的或原则性的错误，以及在可控的范围内没必要发生的失误，造成不必要的损失。

对于互联网企业而言，要注重事件最初的评估和预案，一定要多方收集专业性的建议和意见，避免低级错误和重复错误的发生。因为，这些对于一个企业来说，可能会造成致命的打击。所以，一定要仔细客观地分析事件可能付出的成本代价，将任何一个可能出现的风险尽可能地降到最低。

慷慨：对员工不吝啬的公司才能激发执行力

> 互联网企业成功的一个黄金法则是，你如何对待你的员工，他们就会如何对待你！如果想让员工卖力地为公司工作，就要对员工慷慨一些。

阿里巴巴集团的上市，掀起了新一轮造富狂潮，大量的百万、千万、亿万富翁新鲜出炉。新的财富传奇引发了不少人对互联网公司的向往，已在圈内的人则在憧憬自家公司如果上市的造富情景。

其实，目前国内知名互联网公司，未登陆资本市场的寥寥无几，并已造就了许多财富故事。这些国内知名互联网企业在IPO（即Initial Public Offerings，首次公开发行股票）前后都会激励自家员工，都会大方对待员工，比如：

1. 腾讯

2004年6月挂牌港交所时，腾讯公司的发行价仅是3.7港元。按照这一价格，腾讯高管层诞生了5个亿万富翁、7个千万富翁。腾讯CEO马化腾持有14.43%的股权，身家8.98亿港元。招股书并未披露员工持股数字。

2007年12月，腾讯宣布进行意在挽留和吸引人才的股权激励计划。在有效期10年内，集团授出股份总数不超过已发行股本的2%，向奖励个人授出的股份最高不超过该发行股本的1%。2013年，公司对上述股权激励计划进行了扩容，最高限额由占已发行股本的2%提升至3%。据悉，包括项目经理、总监在内，超过千名基层干部都被纳入到了新的奖励范围内。

此间的一段时期内，腾讯还有过几次股权激励，包括2008年董事会决议向184位员工授出101.605万股新股作为奖励，2009年宣布针对1250位员工818.118万股股票奖励，约占发行股本的0.453%。当时腾讯的员工为5000人左右，股权激励的员工占了近四分之一。

2. 阿里巴巴

2014年9月19日阿里巴巴集团在美IPO时，该公司股票的发行价已经高达68美元。高价发行，意味着持股员工市值也将水涨船高。按照开盘价92.7美元，阿里员工要想成为百万（人民币）富翁，只需持股超过1756股。

由于阿里员工普遍持股，可谓"遍地"百万富翁。据阿里内部员工介绍，持股超过2000股的员工非常多。阿里巴巴IPO后，董事长马云持股占比为7.8%，是为数不多的、未将大额股权握在手中的科技公司创始人。不过，这也足以使其成为中国首富。马云和"阿里系"公司对外宣称，崇尚"财散人聚"式的股权分享方式。

3. 百度

2005年6月，百度成功登陆纳斯达克，创造了当时的一个奇迹。发行价27美元，开盘价66美元，不到3小时就突破了100美元，最高冲刺到151.21美元天价。发行当日，股价涨幅高达354%。

百度创始人兼CEO李彦宏持股占比22.9%，身价随之一飞冲天，超过9亿美元。招股书还披露，百度的股权有5.5%为普通员工所持。其中，不包括公司高管的股权，或已经行权的员工持股。

2004年4月，百度公司曾进行过内部拆股，"一拆二"后，员工的期权相应增加一倍。而在上市前夕，百度又规定：凡是在2005年1月份以前加入百度公司的员工，都以每股10美分的价格拥有一定数量的原始股。

公开资料显示，百度IPO一共诞生了8位亿万富翁，50位千万富翁和约250位百万富翁。

4. 奇虎360

2011年3月30日，奇虎360在纽交所上市，开盘价涨幅高达86%。上市前，360员工共持有公司22.3%的股权，超过了第一大股东周鸿祎个人持有的21.5%。

招股书显示，360员工持股数量为1665.27万股，再加上股权激励池中的2160.36万股期权，一共超过3800万股，员工持股比例高达22.3%。

据悉，360创立时有40%的股份为员工持股，上市前稀释到20%。

IPO后，公司第一大股东周鸿祎持股比例为18.61%，身价约为10亿美元。而在不计算2000多万股股权激励的情况下，员工持股市值在4.8亿美元，以当时1000名员工平均计算，每人持股市值高达48万美元，折合人民币约294.6万元。

……

互联网企业成功的一个黄金法则是，你如何对待你的员工，他们就会如何对待你！如果想让员工卖力地为公司工作，就要对员工慷慨一些。

第四章
互联网企业如何运用互联网 ∠ 思维提升执行力

互联网的出现，催生出了互联网思维。在互联网盛行的今天，各行各业都在尝试运用互联网思维来解决问题。互联网公司是伴随着互联网的出现而产生发展的，因此更不能忽视了互联网思维的运用。比如：聚集能量，做自己擅长的；破釜沉舟，不要给自己留退路；稳扎稳打，提高效率；重视当下，从现在做起；韬光养晦，提高坚持力……相信，只要灵活运用优势思维、倒逼思维、效率思维、当下思维、持续思维，互联网企业的发展也将指日可待！

优势思维：聚集能量，做自己擅长的

> "专注"于你所要做的事情是成功的一大要素，只有善于克制自己，把精力投入到工作和学习中去，完成自己的职责，才有成功的希望。在互联网行业也是如此，应该做自己擅长的事。

判断一个人是否成功，最主要是看他能否最大限度地发挥自身优势。研究发现，人类有400多种优势，这些优势本身的数量并不重要，重要的是应该知道自己的优势是什么，之后将自己的生活、工作和事业发展都建立在你的优势上，这样你就会成功。

一个人若想取得事业的成功，需要很多因素的促成，比如机遇、环境、心态、努力、工作等。但首要任务是认识自己，找到自身的优势所在。只有发现了自己的优势，才能事半功倍；只有发现了自己的优势，才能获得更大的成长空间。对于员工来说，其任务不是花很多时间去弥补自身的劣势，而是把自身的优势发挥到"极致"。

成功来自于一个人对自己优势的发挥，而非来自对每一偶然事情的挑战。

很久很久以前，一个商人想招聘一个小伙计来帮忙。他在商店的窗户上贴了一张独特的广告：招聘：一个能自我克制的男士。每星期40美元，合适者可以拿60美元。

"自我克制"这个术语引起了争论，不仅引起了小伙子们的思考，也引起了父母们的思考，自然也引来了众多求职者。每个求职者都要经过一个特别的考试。卡特也来应聘，他忐忑地等待着，终于该他出场了。

商人问："能阅读吗？"

卡特说："能，先生。"

"你能读一读这一段吗？"商人把一张报纸放在卡特的面前。

卡特说："可以，先生。"

商人问："你能一刻不停顿地朗读吗？"

卡特说："可以，先生。"

商人问："很好，跟我来。"商人把卡特带到他的私人办公室，然后关上门。他把这张报纸送到卡特手上，上面印着卡特答应不停顿地读完的那一段文字。

阅读刚一开始，商人就放出六只可爱的小狗，小狗跑到卡特的脚边。许多应聘者都因经受不住诱惑要看看美丽的小狗，视线离开了阅读材料，因此而被淘汰。可是，卡特始终没有忘记自己的角色，在前面的70个人失败之后，他不受诱惑一口气读完了材料。

商人很高兴，他问卡特："在读书的时候，你没有注意到脚边的小狗吗？"

卡特答道："对，先生。"

"我想，你应该知道它们的存在，对吗？"

"对，先生。"

"那么，为什么你不看一看它们？"

"因为我告诉过你，我要不停顿地读完这一段。"

"你总是遵守你的诺言吗？"

"的确是，我总是努力地去做，先生。"

商人在办公室里来回走着，突然高兴地说道："你就是我想要的人。"

"专注"于你所要做的事情是成功的一大要素，只有善于克制自己，发挥自己的优势，把精力投入到工作和学习中去，完成自己的职责，才有成功的希望。

在互联网行业流传着这样一句话：百度擅长技术，阿里擅长运营，腾讯擅长产品。在来势汹汹的"互联网+"的浪潮里，百度一直都在专注于做自己擅长的事。

百度CEO李彦宏对技术研发情有独钟，他认为，技术是互联网发展的关键因素。因此，百度不停地招纳优秀的技术人才，采购世界上最先进的设备。在"互联网+"的风口中，百度选择了一条前沿技术之路——人工智能。

什么是人工智能？李彦宏说，最直接的表述就是机器能懂人，像语音识别，机器能知道说的是哪几个字，还能听懂是什么意思。他认为，互联网时代是"连接人与信息"，比如百度可以告诉用户一美元等于多少人民币，明天天气如何等信息。人工智能时代是"连接人与服务"。未来，百度可能会通过人工智能技术连接吃、穿、住、行、游、购、娱等各种线下服务。

无独有偶。人生是一个选择的过程，人们可以选择做任何自己喜欢的事情。在互联网企业的发展过程中，有广大的人生舞台等着我们去挥洒自己的精彩。可是，无论你选择做什么，有一点还是无法选择的，那就是：无法选择成为完美的人，我们并非完美，并非无所不能。

每个人都有自己的缺点，都有自己不擅长的领域。虽然你可以选择做自己不擅长的事情，可是如果想要成功，就应该做自己擅长的事情。

古语说得好："鹤善舞而不能耕，牛善耕而不能舞，物性然也。"其实，牛要跳舞，鹤要耕地，并无不可。只是，牛之舞和鹤之耕，都不会有良好的效果。那些成功的互联网公司都有一个共同的特征：他们所做的都是自己擅长的事情。

倒逼思维：破釜沉舟，没有退路逼出出路

> 我们有足够的理由相信，真正意志坚强、充满自信的互联网企业，一旦认准了目标，是不给自己留退路的，他们会坚持努力下去。换句话说，互联网企业如果不给自己留退路，必然会千方百计朝着自己定下的目标迈进，成功就会指日可待。

不可否认，事先为自己留好退路，能够让人减少压力，心态更加淡定，从而更加从容不迫地前行。但这样做，也会削弱人奋斗的冲劲，使人在困难面前退却、妥协，停止前进。我觉得，对于互联网企业来说，若想取得大的成就，还是别给自己留退路的好。

美国科学家做的"青蛙实验"几乎人人皆知：在锅底慢慢地用温火

加热，青蛙优哉游哉地在水里漂游，等到水热得不能承受时，青蛙却再也跳不出来了；相反，将一只青蛙猛地掷入滚开的沸水中，它却能倏地跃起而逃生。

不留退路，就是给自己一条出路。只有拥有不留退路的精神，才会一心一意去面对眼前发生的一切，就会有意想不到的收获。人，往往是在慢慢地等待中消耗了自己。在无谓的等待中，在慢慢地适应中，消磨掉的是才华、能力和信心，最后只剩下无奈和惆怅。就像在慢慢加热的水中的青蛙，在不知不觉中把自己埋葬了。而那只投入沸水中的青蛙只需尽力一跃，就给了自己一条生路。

阿里巴巴的创始人马云本来是一个端着铁饭碗的大学老师，可是，当他决心创业后，他毅然与妻子一起辞去了教师工作，投身到当时在中国尚不明朗的互联网领域。为了创业，他甚至连房子都卖了。他的行为在别人看来实在太冒险了，太疯狂了，完全没给自己留退路，万一失败了怎么办？

当然，马云没有给自己失败和退却的机会，他相信自己能成功，他必须成功。他认定了方向，坚定地干下去，不畏一切艰难险阻。几年后，全世界都看到了他的成就。

阿里巴巴成了全世界最大的电子商务网站之一，在中国更是独占鳌头，业务遍布全世界。而马云自己也从一位普通的英语老师演变成世界知名的财富英雄，被著名的"世界经济论坛"选为"未来领袖"、被美国亚洲商业协会选为"商业领袖"，成为50年来第一位登上《福布斯》

封面的中国互联网企业家。

这个世界，许多人都习惯于在前进之前便为自己琢磨好退路。有人认为，这是智者的行为，未雨绸缪，万一事情失败了，也不至于太被动难堪，总还有个退路。也有人认为，这是弱者的行为，为自己留退路，意味着从一开始便对自己和自己的前景缺乏信心。

成功从来都不是容易的，前途光明，道路曲折。在跋涉的过程中，给自己留有退路的人，一旦遇到坎坷崎岖，就打退堂鼓放弃前进；而没有退路的人却只能硬着头皮坚持走下去，当然，坚持下去的结果就是离成功的距离越来越近。

我们有足够的理由相信，真正意志坚强、充满自信的互联网企业，一旦认准了目标，是不给自己留退路的，他们会坚持努力下去。换句话说，互联网企业如果不给自己留退路，必然会千方百计朝着自己定下的目标迈进，成功就会指日可待。

有退路，绝对不是一件幸事，它会成为企业前进的包袱、逃避的借口。只有具有切断后路的勇气和气魄，才能切除惰性，才能全力以赴地奋斗，才能取得梦寐以求的成功。所以，渴望成功的互联网企业，一旦确定了目标，就要一心一意做下去，不要给自己留退路。

效率思维：稳扎稳打，扎实有效才是真

> 工作效率对互联网企业效益起着重要作用，要想打造一流的
> 互联网企业，员工必须有一流的工作效率。效率低下，会成为制
> 约互联网企业发展的软肋。提高工作效率，就要克服做事拖拉的
> 恶习，做到日事日清。只有日事日清，才能造就一流的互联网
> 企业。

员工的工作效率关系到互联网企业的成败，但很多互联网企业的员
工的工作效率却不是很高，管理者更是为之感到头痛不已，那么如何才
能提高员工的工作效率呢？

2012年9月，看到不断上涨的办公楼租赁成本和50%的员工流失率，携程网感到忧心忡忡。携程网发现，机票和宾馆业务部门的255名员工都希望在家中工作，而且满足在家中工作的条件。他们在公司工作的时间都超过六个月，家中有宽带连接和用于工作的房间。研究人员将这255名员工分成两部分，生日是偶数的员工每周（五天）在家中工作四天，生日为奇数的员工在办公室工作。

通过九个月的研究，研究人员发现：

·在家工作的员工，工作效率提高了12%，其中8.5%来自更长的工作时间，3.5%来自每分钟更多的工作量。研究人员认为，原因在于更安静的工作环境。

·尽管表示希望在家中工作，但在办公室工作的对照组并没有出现不满情绪。

·在家工作的员工中，员工流失率下降了50%。

·在家工作的员工其满意度大幅提高。

这项研究后，携程网向所有符合条件的员工提供了在家中工作的机会。研究人员对在家工作的携程网员工进行数个月的跟踪研究发现：工作效率高的员工选择在家中办公，工作效率低的员工选择在办公室工作。这就表明，不仅仅呼叫中心的员工在家中工作能提供工作效率，还有助于互联网企业吸引和留住更好的员工。

工作效率高低不仅体现了互联网企业的管理水平，还能看出互联网企业的员工素质，更能说明互联网企业在当今市场上的竞争力。

提高工作效率同创新一样，都是管理的永恒主题。虽然采用新科技、引进新设备、实施新工艺都能提高工作效率，但这样的改变或提高不是每天都能进行的，决定互联网企业竞争能力大小的关键还是员工工作效率的高低。

工作效率对互联网企业效益起着重要作用，要想打造一流的互联网企业，员工必须有一流的工作效率。效率低下，会成为制约互联网企业发展的软肋。提高工作效率，就要克服做事拖拉的恶习，做到日事日清。只有日事日清，才能造就一流的互联网企业。

只有提高工作效率，才能用最短的时间和最少的投入，出色地完成各项工作。在激烈的竞争条件下，提高工作效率，是提升个人竞争力的有利的武器。那么，怎样才能提高工作效率呢？

1. 完善流程

流程是互联网企业日常运营的基础。如果企业效率低下，首先就要检查一下企业的流程是否合理，是否简洁和高效，能否有改进的地方，改进的可能性有多大。近年来，许多互联网企业都在设计流程、再造流程，都在进行流程优化工作，那么流程上究竟有什么内容呢？

其实，流程的内容很简单，概括起来包括四个方面：

（1）物流

互联网企业日常业务运营生产所涉及的物理性的东西，和管理工作所涉及的所有的物理的内容，都要在流程上流动。

（2）信息流

伴随着互联网企业的业务生产所带来的内外左右的信息，都要通过流程来传递；同时，伴随互联网企业管理的信息的上传下达，都要在流程上传递。上传的是互联网企业方方面面信息；下达的是各级领导的命令。

（3）现金流

互联网企业最低的目的就是赢利，互联网企业的一切活动的最基本诉求就是赢利。每一个活动都同时伴随着资金的流动，流程上的最基本的元素就是钱，每时每刻流程上流动的最简单的符号就是钱。

（4）文化流

流程上流动着互联网企业的个性和特色，是互联网企业的文化。互联网企业之所以能够在竞争激烈的市场上被顾客识别出来，关键就在于，互联网企业的流程上流动着互联网企业的与众不同的基因，流动着互联网企业的形象代言人——员工行为的方式方法，流动着互联网企业基本的价值趋向和理念。

2. 给力的制度支持

检查完流程后，再检查制度。如果流程没有什么问题，就要检查一下，看看管理制度是否有利于促进流程的实施，制度是否真的支持流程，是否支持流程上流动的内容，制度是否健全和完善。

也许企业有着很好的流程系统，可是服务管理制度和业务管理制度不支持流程系统，就会导致制度之间相互掣肘和矛盾，或漏洞百出。问问自己，是否所有的流程都有制度做保证，或制度的制订有没有充分尊重人文情怀。如果制度过于严格，大家就会想方设法钻制度的漏洞，甚至集体对抗制度；如果制度过于宽松，那么约束力又不够。

制度是用来约束人的，过严的制度和过宽松的制度都不利于流程系统正常的实施。如果说流程是水的话，那么制度就是流水的管线。如果管子不严密，管子粗细搭配不合理，或管子根本没有对接起来，那么将直接影响系统流水。

3. 监管一定要到位

虽然有些互联网企业制定了不错的流程，也有很好的全面的管理制度，可是没有人监管，或监管不力，或监管不到位，或监管越位，或监管手段落后，或监管人员的素质有问题，或组织内部的政治架构复杂……结果，大大降低了整个组织系统的运营效率。

流程和制度都是固化的，而监管是灵活的，监管必须按原则办事，如果监管者不能按原则办事，办事不公，就会极大地降低人们对流程和制度的忠诚。如果监管者素质低下，根本不懂得如何监管，不知道监管什么，怎么监管，势必会造成监管无力。

如果监管无力，就不知道大家都在忙什么，是否忙得对了，忙得是否有必要，是否在真正的忙，或忙到点子上；如果监管过于严格和僵化，不知道原则和灵活相结合，固守过时的落后的管理制度，也会极大地限制员工的积极性和创造性，甚至员工会为了迎合监管，去忙些不必要的事情，甚至是劳而无功。

如果员工没有被监管的意识，会超越监管，监管力量将大大削弱。大家都在忙着做监管以外的事情，没有得到处罚，甚至是领导带头，只会使大家更忙而无序。

4. 技术手段相匹配

在很多互联网企业中，大家整天都很忙，都喊累，但整体效率却不高，一个重要的原因就是管理手段的问题。管理手段落后，会极大限制互联网企业的管理效率，比如：生产设备的落后就会影响工作效率高；更重要的是，设备太落后时会影响到人的情绪，而人的情绪是相互传染的，会进而影响到人的工作积极性。

同样是传输信息，人类走过了人工传递、动物传递、烽火传递、机械传递、电子传递的进化过程，现在的互联网络的传递速度更是惊人的高效。在互联网企业里，同样是信息传递，宽带和拨号上网的速度也有成倍的差别。同样是宽带，不同的带宽也决定着信息的传输速率。

另外，技术手段太超前时，也会限制互联网企业内部的工作效率。因为如果互联网企业的环境不支持设备的运作，也会影响设备的正常工作能量的发挥，即使设备不错，也用不上，用时又发挥不出它应有的效率，还会提高工作成本。

当然，管理技术手段不仅要与互联网企业的实际环境相适应，还要与互联网企业的外部环境相适应。如果互联网企业内部的局部工作效率高，但与之对接的外部环境的工作效率低，大家只能处在无休止的无奈等待中。

5. 提高员工的职业素质

员工的职业素质在很大程度上决定着工作效率，有些互联网企业之所以效率低下，就是与互联网企业员工的职业素质有关。一个职业素质很好的员工，其工作效率可能是一般员工的两倍、三倍，甚至五倍以上。更重要的是工作的质量不一样。

职业素质普通的员工，在短时期内，无论如何勤奋和努力，都无法赶上和超越素质很好的员工。布置同样的工作，职业素质优异的员工可能一两天就完成了，而职业素质差的员工尽管非常努力也样一周才能完成，而且工作质量根本不能与职业素质好的员工同日而语。

在长期平均思想的支配下，员工的待遇都差不多，职业素质优秀的员工自然会逐渐流失，而沉淀下来职业素质一般的员工。这些员工虽然职业道德很好，非常勤奋努力，但企业的整体的工作效率低下。如果想解决这个问题，就要积极地对员工进行培训。

（1）新员工入职培训

新员工入职后能否快速对公司、对产品产生认同感，直接决定着新入职员工的留存率。所以，第一周的培训就要针对新入职员工进行，给他们灌输关于企业文化、产品、销售的基本概念。此阶段的培训要主要解决以下三个问题：让新入职员工对企业产生认同感；熟悉并能熟练讲解产品功能和卖点；能与客户建立初步联系，掌握最基础的销售技能。

（2）实战培训

培训的第一阶段是打好基础，培训的第二阶段应过渡到实战培训。在这一阶段，要交给员工一些工作技巧上的东西，形式上主要以总结分享为主。为了实现以上目标，可以从以下三方面来设置课程内容：每日总结培训、针对性培训，包括百问百答、商务培训等。

6. 提高管理者的管理能力

俗话说得好："兵熊熊一个，将熊熊一窝。"互联网企业的高级管理人员的管理能力有问题，也是效率低下的一个重要原因。

（1）不具备整体的布局能力

尽管大家都十分忙，但由于管理人员能力有限，不懂得在战略上布局谋篇，不会在战术上指挥调度协调，更不能很好地识人、用人，不能有效地充分利用有限的资源，所以，在错误的时间、错误的地点，用优秀的士兵打错误的战役，失败肯定是必然的。

有的将军能持续打胜仗，有的将军则会白白葬送良好的战机和士兵的生命，这种例子举不胜举。所以，作为互联网企业的管理者，尤其高级管理者，千万不要让员工无为地劳作。要知道，你的一个指令将会传导到基层，各级员工都会为你的指令而忙碌，如果忙了半天没有效果，是无为的劳作，甚至是错误的，结局必然会异常糟糕。

如果这样的次数多了，员工也就失望了，管理者的智慧也就没有效用了。可是，大家又不能违抗上级的命令，怎么办？员工就会"兵来将挡"，你有千条令我不行，我就忙扫自己的门前雪，大家都各忙各的，装样子给上级主管看，一级骗一级。

（2）决策朝令夕改

作为互联网企业的管理者，如果在做决策前不慎重，或决策力不够，或耳根子软，做了决策发布指令后，感觉原来的决策不好，就会修改决策，于是在实施过程中，随意、随时、随便、随机修改指令，导致互联网企业的随意文化。

刚开始的时候，下属可能仅仅会感到不舒服；时间长了，一旦摸透了上司的秉性和行事风格，尽管上司发布了命令，由于担心上司修改指令，也会佯动而不真动；上司看下属在动也就心满意足了，可就是迟迟不出结果，效率低下。

7. "忙"文化的导向作用

企业文化的导向也将影响着企业整体的效率。如果企业鼓励个人英雄主义，不注意培养团队意识和协同作战能力，尽管每个人都想当英雄，每个人都很忙，可是大家没有养成协同作战的意识和习惯能力，个人之间存在着工作的边界、部门之间存在着工作疆界，必然会影响到整体工作效率。

如果互联网企业倡导忙的企业文化，那么企业必将为忙而忙，这在一些成长型互联网企业特别明显。有的老板最看不惯的就是大家闲，员工一闲，老板的心里就堵得难受，于是就表现在言行上，不问员工是否完成了任务。虽然有的老板不直接斥责闲的员工，而是转弯抹角地去表扬忙的员工，尤其重点表扬加班加点的员工。

有些员工之所以加班加点，是因为职业素质不行，上班时间忙不到点子上，忙而无序；而有的人已经养成了这种工作习惯，喜欢下班干活；更有甚者是品质问题，故意加班给老板看的，老板又不经常在企业里面，发现了加班者就表扬，在老板的这种鼓励忙、鼓励加班的文化指导下，企业员工就会为忙而忙，而不是为结果而忙。结果，越忙越受到老板的表扬，越表扬人们就会越忙，"宫女多饿死"，结果忙而无效。

要想提高工作效率，就不要鼓励纯粹的个人英雄主义，应当鼓励协同作战的团队意识；不要只关注形式上的忙和加班，要多关注效率，把每个人的工作安排细化，在规定的时间完成规定动作（规定任务）。

8. 制定正确的战略定位和方向

互联网企业整体效率低下的另外一个原因，就是战略定位和战略导向有问题。俗话说，"男怕入错行，女怕嫁错郎"，作为一个互联网企业，最怕的也是入错了行。如果企业现有的组织综合资源不支持企业开拓某一领域，而战略制定者却自认为可以，结果误进行业，这样，无论员工多忙，都无法产生客观的效益。

当然，在战略上，除了行业战略定位错位以外，还有目标顾客定位、商域定位、经营模式定位等出问题的，无论是哪一方面定位出了问题，都将影响互联网企业整体的效率和效益。如果是战略方向错误，完全是南辕北辙，无论员工如何忙，也都是负效益和负效率；如果是战略方向摇摆不定，忽左忽右，尽管员工很忙，但做的都是重复的劳动和无谓的劳动，谈何效率和效益？

当下思维：重在当下，现在就是"现金"

> 活在当下是一种全身心地投入人生的生活方式，当你活在当下，而没有过去拖在你后面，也没有未来拉着你往前时，你全部的能量都能集中在这一时刻，生命也会因此具有一种强烈的张力。对于互联网企业来说，要想提高工作效率，也要具备一定的当下思维。

生命中的每一刻都是奇迹，这绝对是真的，不管你是否能够去实现它。

有个小和尚，每天早上负责清扫寺院里的落叶。清晨起床扫落叶实在是一件苦差事，尤其在秋冬之际，每一次起风时，树叶总随风飞舞。小和尚每天早上都需要花费许多时间才能清扫完树叶，感到头痛不已。他一直想要找个好办法让自己轻松些。

后来有个和尚跟他说："明天打扫之前，你先用力摇树，把落叶统统摇下来，后天就可以不用扫落叶了。"小和尚觉得这是个好办法，于是第二天特意起了个大早，使劲地猛摇树。一想到自己可以把今天和明天的落叶一次扫干净了，一整天小和尚都感到非常开心。

第二天，小和尚到院子里一看，傻眼了——院子里如往日一样满地落叶。老和尚走了过来，对小和尚说："傻孩子，无论你今天怎么用力，明天的落叶还是会飘下来。"小和尚终于明白了，世上有很多事是无法提前的，唯有认真地活在当下，才是最真实的人生态度。

重点放在眼前——必须全神贯注于当下，因为这才是真正的要点。活在当下是一种全身心地投入人生的生活方式，当你活在当下，而没有过去拖在你后面，也没有未来拉着你往前时，你全部的能量都能集中在这一时刻，生命也会因此具有一种强烈的张力。对于互联网企业来说，要想提高工作效率，也要具备一定的当下思维。

互联网每时每刻站在时代的前沿，互联网人每天都不停歇地以各种姿态吸引着用户的注意，如此，未来的晨光就在不远的前方。互联网企业也要活在当下，重视当下。那么，互联网企业应该如何做到重视当下呢？

1. 垂直细分的集中发力

随着互联网的高速发展，面对更加成熟的互联网环境、更加众口难调的用户，垂直细分领域应运而生。各互联网企业开始寻求向小众突围，针对不同的人群和产品，推出不同的服务。如，S2C（电子商务模式）的快速发展为用户提供特定的服务体验，唯品会作为细分市场的电商代表，其凭借营销渠道、商品等优势形成了较高的市场知名度，在用户、供货商方面都形成了较好的"口碑"。

垂直细分已是互联网发展的必然趋势，新兴互联网企业只有审时度势，把握眼下细分市场尚未饱和的机会，才会有更大的发展空间，走在互联网潮流前端。

2. 平台战略的强势来袭

平台模式打破了传统的直线型商业模式，将双向流向模式应用其中。凭借对双边市场的操控，平台生态圈不再是单向流动的价值链，而是双边价值链共同运作，达成满意共识后，继续壮大生态圈求得长足发展。

互联网平台已全面崛起，每天都有无数互联网企业改变其原有模式采用平台概念，全力打造多方共赢互利。

3. "用户为王"的优质体验

"用户为王"在互联网领域已是不争的事实，用户才是成功的根本，才是赢得未来的关键。一个新型产品的成功就是要让用户使用它并且能够留住用户，改变用户的使用习惯，这就需要产品能够提供或便捷，或有趣的优质服务。

大众点评资深副总裁李璟提过，大众点评优秀的团队的标准是专业和职业：一是要熟悉互联网知识；二是要熟悉相关行业的知识。除了对业务员进行专业和职业的培养，他们还非常注重业务团队的文化，首先就要让业务员觉得，他们是在帮助客户，帮助用户创造价值。

微信朋友圈广告甫一亮相，多数网友都担心它会扰乱自己的朋友圈。微信团队发表声明称，朋友圈广告上线后仍然将用户体验放在第一位，在商业化探索和用户体验方面取得最佳平衡。对于任何一款互联网产品的用户吐槽，都是因为产品不够完善，仍有改进的空间，只有不断地精雕细琢，在这个注重服务的年代，脚踏实地地服务好用户，才会在互联网企业的路上越走越远。

马云改变了商业，微博改变了传播，微信改变了交流，他们极大地提高了我们的生活质量和生活效率。垂直细分、平台战略、"用户为王"，做好这些，成功就会是多米诺骨牌效应式裂变，下一个改变互联网世界的也许就是你。

持续思维：韬光养晦，管好身体"蓄水池"

> 我们之所以强调韬光养晦，就是说互联网企业对于企业文化建设要耐得住距离成功的寂寞，要经得住外界形形色色的诱惑，要挺得住自己的核心理念。懂得韬光养晦，互联网企业就会始终坚持走自己的企业文化之路。

在当今的互联网市场，"用户体验"大于"产品价格"，"小而精"大于"多而全"，"行业细分"大于"综合资讯"，要想提高执行力，就要懂得韬光养晦。

什么是韬光养晦呢？意思是隐藏才能，不使外露。就是既要看清世界变化的潮流和发展趋势，又要坚持走自己的路，默默无闻，暗下功夫，做一个沉默而不是沉睡的巨人。企业文化不是做给外人看的，它是企业素养的积累和气质的外显。

如果认为自己企业的企业文化做得差不多了，那是对企业文化建设本质的天大误解，持这种观念者往往是为文化而文化、急功近利之人。我们之所以强调韬光养晦，就是说互联网企业对于企业文化建设要耐得住距离成功的寂寞，要经得住外界形形色色的诱惑，要挺得住自己的核心理念。

懂得韬光养晦，互联网企业就会始终坚持走自己的企业文化之路。凯马特、沃尔玛原本都是美国零售业巨头，可是凯马特成名早、沃尔玛成名晚，后来沃尔玛为什么能够打败凯马特？关键是两家的企业文化不同，而沃尔玛的成功得力于坚持走自己的文化之路——"为顾客节省每一美元"，得力于二十年的韬光养晦。

沃尔玛创始人山姆·沃尔顿先生说过："许久以来，人们总认为沃尔玛一夜成名是靠伟大的点子，这完全是不了解情况。当然，我们从1945年开第一家店的时候就相信：我们可以办成全美国最好的商店，我们坚信这一点。所以，现在是我们自1945年以来所有努力的结果。像大多数骤然成功的例子一样，我们为此足足酝酿了二十年。"

1962年，沃尔玛的第一家店在美国阿肯色州建成，创始人山姆·沃尔顿给自己定的目标是进入世界500强。

沃尔玛刚创业，面对的对手却异常强大，如西尔斯和凯马特等零售业巨人。可是，这些企业的业务大多数都集中在大中城市，并没有将注意力集中在小城镇。因为，按照美国零售企业的经营常识，是无法在人口不到五万的城镇开设折扣店的。

山姆·沃尔顿经过思考，发现小城镇也有着巨大的商机，于是便制定了"农村包围城市"的战略，将小城镇作为自己的服务细分市场。沃尔玛的具体扩张战略是，以州为单位，先占领一个个小县，直到将整个州的市场都占领；然后，再向另一个州扩展。

正是因为这个原因，沃尔玛在开业的前十年发展比较慢，年营业额只有8000万美元。和凯马特30亿美元的销售额相比，可谓是相差悬殊。但山姆·沃尔顿并没有轻易改变既定战略，稳扎稳打、步步为营，以先占据小城镇市场为突破点，继而实现了雪球渐渐滚大的目标。

2001年的世界500强排名，沃尔玛排名第二，沃尔顿设立沃尔玛时的目标实现了。

懂得韬光养晦，互联网企业就会埋头"专注"自己的企业文化建设，成为隐形冠军。"世界隐形冠军"之父、哈佛商学院教授赫尔曼·西蒙先生认为"隐形冠军"就是一些名不见经传，却在某个窄小的行业里做到顶峰的中小企业。它们有无可动摇的行业地位，稳定的员工队伍，高度的创新精神和丰厚的利润回报。

作为互联网企业的一员，我们也要时刻牢记"韬光养晦"的深刻内涵，这不仅是一种发展、销售、生存策略，同时也是一种美德。这是建立在对处境的深刻认识和对局势的全面把握基础之上的。其根本点是要寻找有利时机，发展和壮大自己；要审时度势，争取主动，独立自主；

要坚持企业的不败之地，增强企业的信心。"韬光养晦"的战略思想是灵活务实思想方法和企业风格的体现。

韬光养晦还是一种品格，它要求不谦不卑，不骄不躁，这样，就能够被别人接纳，就容易与别人沟通，这就是所谓先做人，后做事的道理。换句话说，"韬光养晦"是每一个互联网企业必备的素养，也是为人之道。互联网企业怎样做到韬光养晦、厚积薄发呢？

1. 制订目标并坚持奋斗

互联网企业的目标是企业发展前景的理想概括。管理者为企业制订一个切合实际而又富有超前性和挑战性的目标，可以激发员工的进取心和前进动力。没有目标的企业是没有希望的。

互联网企业目标就是企业发展的终极方向，是指引企业航向的灯塔，是激励企业员工不断前行的精神动力，是增进员工的工作自豪感和责任心的内聚源泉。激人奋进的互联网企业目标和引以为荣的互联网企业形象会将全体成员的责任感和事业心都集合在企业精神的大旗之下，激励员工全身心地投入到各项工作中去。

懂得韬光养晦，互联网企业就会始终坚持走自己的企业之路，并孜孜不倦地追逐这一梦想。

2. 精心设计服务过程

产品创新源自于用户的需求，服务创造源自于忠诚顾客的培养，服务的价值源自于服务的全过程。管理者应精心设计服务过程，用心营造有价值的服务氛围，给用户创造出独特的体验。

管理者应将企业的核心价值观转化成管理制度与规范要求，落实到每一位员工表现在外的态度和行为上，共同构成一个真正以客户为中心的服务价值链，形成改善服务的动力与合力。

懂得韬光养晦，互联网企业就会自觉地围绕自己的特点，创造优势，避开劣势，每天进步一点点，在独特的环境中繁衍着。

3. 培育可靠的顾客忠诚度

互联网企业的活力决定了市场的活力，获取竞争优势的来源在于为用户提供优越的顾客价值，只有不断地提供优越价值，才能建立和保持竞争优势。

互联网企业的竞争优势归根结底取决于企业所能为顾客创造的价值，为了实现品牌化经营，就要培养可靠的顾客忠诚度，注重与国内外同行业的合作，实现可持续发展。

什么是客户忠诚度？就是当客户增购同类商品时会主动找你；当周围的人需要类似产品时，客户会想到你并乐意推荐。这一切的前提就是你的服务值得他忠诚。互联网企业完全可以通过客户联谊会来传递平时无法描述的信息，比如公司优质的硬件形象，公司的经营理念等软性实力。一旦客户看过、听过形成深刻的印象，就会极大地提高对公司的"忠诚度"。

懂得韬光养晦，企业就要向"标杆"谦虚学习，进一步从强手、对手吸取更多的互联网企业精髓营养。既要看清世界变化的潮流和发展趋势，又要坚持走自己的路，默默无闻，暗下功夫，做一个沉默而不是沉睡的巨人。企业不是做给外人看的，它是企业素养的积累和气质的外显。

　　强调韬光养晦，就是指互联网企业对于企业文化建设要耐得住距离成功的寂寞，要经得住外界形形色色的诱惑，要挺得住自己的核心理念。只有这样，互联网企业优质资源才会陆续释放。从这个意义上说，互联网企业不仅是一只潜力股，更是一只厚积薄发的优质资源股，能让我们拨开行业周期迷雾，清晰地看到互联网企业确定性的增长。

第五章
互联网企业如何提高
营销执行力

互联网企业营销能力的提高，也是执行力提高的一个具体体现。为了提高互联网企业的营销能力，不仅要提高团队士气，更要完善营销渠道；不仅要适时更新网站，还要做好团队的整体配合，更要积极推动用户体验……互联网企业的发展离不开营销，做到了这几点，营销能力提高了，执行力也就不会太差了。

提高团队士气，从侧面提高执行力

> 在很多人的心里，一家所谓的成功互联网企业主要是由于该企业有一个很好的领导，其实还应该看到的是，他的身后往往站着一大批的人，这批人有的显山露水，有的默默无闻，可是不可否认的是，这些人的能力高低、士气高低在很大程度上影响着领导者和互联网企业的发展。因此，要想提高团队的执行力，就要逐渐提高团队的士气。

2013年，一则《奇虎360年终奖：50万股票鼓励士气》的新闻出现在网络上：

价值50万元人民币的股票年终奖励成了奇虎360（下称"360"）上市后的传统项目。在360年会上，36个优秀员工每人拿到了价值50万元的限制性股票。

受到重金奖励的36人涉及360多条产品线和支持业务部门，均属于中基层员工。接下来的四年里，这些员工可以逐年按照20%、20%、30%、30%的比例分步套现。

除了高额股权激励，360还在年会上奖励了优秀团队12支，每支团队10万元；还有116个五年以上老员工则每人奖励一只镀金奖杯；以及众多包括360特供机在内的多重奖励。对于更多数的员工来说，他们的年终奖则是1~4个月的工资，具体金额跟绩效挂钩。

360董事长周鸿祎在年会上称，在多重员工激励措施下，预计2013年360全员持股的比例将从上市前的20%提升到24%左右。

给员工限制性股票是不错的激励手段，对内也是一个信号，至少让员工看到了互联网企业留住人才的决心，给一些人继续前进的梦；对外，高额激励赚足了眼球，在360与竞争对手越打越激烈之际，借此营销一把吸引人才。不可否认，给员工股票确实是一个提高员工凝聚力和执行力的好方法。

我们常说，一家互联网企业有没有发展的前途，要看三个方面：一是有没有一个好的产品；二是有没有一个好的领导；三是有没有一批好的员工。这是互联网企业能否在竞争中取得主动，在发展中获得成功的一个重要基础。而这之中，员工对于互联网企业发展的作用，绝不亚于前两条，它也有着极其重要的地位。

在很多人的心里，一家所谓的成功互联网企业主要是由于该企业有一个很好的领导，其实还应该看到的是，他的身后往往站着一大批人，这批人有的显山露水，有的默默无闻，可是不可否认的是，这些人的能力高低、士气高低在很大程度上影响着领导者和互联网企业的发展。因此，要想提高团队的执行力，就要逐渐提高团队的士气。如何提高团队的执行力呢？

1. 为员工安排的工作要与其性格相匹配

每个人都有自己的性格特质，比如，有的人安静，有的人则活跃；一些人相信自己能主宰环境，而另一些人则认为自己成功与否主要取决于环境的影响；一些人喜欢高风险的具有挑战性的工作，而一些人则是风险规避者。员工的个性各不相同，他们从事的工作也应当有所区别，与员工个人相匹配的工作才能让员工感到满意、舒适。总而言之，一句话：因才施用。

2. 为每个员工设定一个合适的目标

为员工设定一个明确的工作目标，通常会使员工创造出更高的绩效。目标会使员工产生压力，从而激励他们更加努力地工作。

在员工取得阶段性成果的时候，管理者还应当把成果反馈给员工。反馈可以使员工知道自己的努力水平是否足够，是否需要更加努力，从而有益于他们在完成阶段性目标之后进一步提高他们的目标。

给员工提出的目标一定要是明确的，比如，"本月销售收入要比上月有所增长"这样的目标就不如"本月销售收入要比上月增长10%"这样的目标更有激励作用。

同时，目标要具有挑战性，但同时又必须使员工认为这是可以达到的。实践表明，无论目标客观上是否可以达到，只要员工主观认为目标不可达到，他们努力的程度就会降低。目标设定应当像树上的苹果那样，站在地下摘不到，但只要跳起来就能摘到。

3. 对完成了既定目标的员工进行奖励

马戏团里，海豚每完成一个动作，就会获得一份自己喜欢的食物。这是训练员训练的诀窍所在。同样，当员工完成了某项工作后，管理者也要及时对其进行奖励。因为，一旦受到奖励，他们今后的工作定然会更加努力。

及时给员工奖励，当事人的行为也就得到了激励；一旦发现企业和领导是值得信赖的，员工就会更加积极主动；为了获得更多的奖励，他们的潜能更容易被挖掘出来。

为了让这种激励作用更加有效，管理者要想办法增加奖励的透明度，比如，对受嘉奖的员工进行公示。事实证明，以奖励为代表的正激励效果要远远大于以出发为代表的负激励。

如果员工完成某个目标而受到奖励，他在今后就会更加努力地重复这种行为。这种做法叫行为强化。对于一名长期迟到30分钟以上的员工，如果这次他只迟到20分钟，管理者就应当对此进行赞赏，以强化他的进步行为。

管理者应当想办法增加奖励的透明度，比如，对受嘉奖的员工进行公示，在员工中产生激励作用。以奖励为代表的正激励的效果要远远大于以处罚为代表的负激励。

4. 针对不同的员工进行不同的奖励

在团队中有几种不同类型的员工需要激励，包括：效率型、关系型、智力型和工兵型。面对不同类型的员工，应该采取不同的激励方式：

（1）效率型员工的激励方法

如何来激励效率型的员工呢？主要有这样几种方法：支持他们的目标，赞扬他们的效率；在能力上胜过他们，使他们服气；帮助他们通融人际关系；让他们在工作中弥补自己的不足，不要轻易指责他们；别让效率低和优柔寡断的人去拖他们的后腿；容忍他们不请自来的帮忙；别试图告诉他们怎么做；当他们抱怨别人不能干的时候，问问他们的想法。

（2）关系型员工的激励方法

如何来激励关系型的员工呢？主要有这样几种方法：对他们的私人生活表示兴趣，让他们感到得到尊重；与他们谈话时，注意沟通技巧，使他们感到受尊重；承诺为他们负责，给他们安全感；给他们提供充分和他人分享感受的机会；别让他们感觉受到拒绝，否则他们会感到不安；安排工作时，强调工作的重要性。

（3）智力型员工的激励方法

如何来激励智力型的员工呢？主要有这样几种方法：肯定他们的思考能力，对他们的分析表示兴趣；提醒他们要完成工作目标，不要为追求完美而耽误工作进度；别直接批评他们；不要用突袭的方法打扰他们，多表达诚意；他们喜欢事实，你必须懂得和他们一样多；赞美他们的一些发现。

（4）工兵型员工的激励方法

如何来激励工兵型的员工呢？主要有这样几种方法：支持他们的工作，因为他们谨慎小心，一定不会出大错；给他们相当的报酬，奖励他们的勤勉；保持管理的规范性；多给他们出主意、想办法。

5. 设置的奖励机制一定要公平

员工不是在真空中进行工作，他们总是会进行不断的比较。如果你大学毕业后就有单位提供给你一份月薪1500元的工作，你可能会感到很满意，并且努力工作。可是，如果你一两个月之后发现另一个和你同时毕业，与你的年龄、学历相当的同事的月薪是2500元的时候，你会有何反应？你可能感到失望，同时不再像以前那样努力工作。

在团队建设时也是如此。对员工设置的奖励机制一定要公平，同样工种、同样级别的员工的待遇水平应该差不多。当然，有特殊贡献的员工除外。

6. 适时实行"柔性化"管理

要建立"以人为本"的管理思想，管理者要充分尊重员工的劳动，维护他们的权益，实施情感化的管理。

柔性化管理是"人本"管理的一种实践形式，要依靠人性解放、权力平等、民主管理，通过激励、感召、诱导等方法，从内心深处来激发员工的内在潜力和工作的主动性，使他们能心情舒畅、不遗余力地为企业工作。

人员工作自主性强，分散在外，管理人员很难监控员工的整个工作过程并发现问题，采用柔性化管理手段可以让员工自觉地去完成他们应该做的工作。

7. 构建优秀的企业文化很必要

构建优秀的企业文化是适应竞争、保持长胜不衰的重要保证。企业要通过营造良好的企业文化氛围和塑造良好的企业文化形象来加强文化建设，使员工树立共同的价值观念和行为准则，在公司内部形成强大的凝聚力和向心力，增强员工对企业的归属感和荣誉感。

完善营销渠道，打造拓展市场执行力

近几年，新的营销方式层出不穷，尽管目前"社会化营销"这种方式超越了其他的营销方式，成为营销人的口头禅，可是我们不能因为某一种营销方式最为流行，或者有了新的营销方式，就将传统营销渠道弃之不用。掌握问题的核心，及时整合资源，准确快速地调整策略，并不断维护自己品牌的影响力，是适应改变的不变规律。

随着互联网的快速发展与变革，网络媒体发展日趋多样化，面对层出不穷的网络市场营销策划模式，一位广告主曾经这样说道："新媒体投放对我们来说是新的尝试，这个过程我们需要摸索，然而面对摸索过程中不断出现的新市场营销策划模式，对于我们传统市场营销策划人来说又充满着挑战。"毫无疑问，这个"探索"与"挑战"不仅针对广告主，更是媒体平台、代理商们的新课题。

如何能够在一个快速增长的中国市场抓住今天的机会？2013年，搜狐从影响力、移动、大数据三方面全力构建大数字矩阵。搜狐公司联席总裁兼首席运营官王昕在大会上分享："搜狐提出三个关键词：门户的主流媒体影响力、移动的侵袭和破坏力以及大数据的价值。"网媒优势在哪里？搜狐给出的答案是主流媒体影响力。

透过搜狐的一系列举措，我们不难发现，无论是互联网还是大数据，随着科技及市场的不断进步，市场营销策划的手段、工具、渠道都势必将以更快的速度发展。但不要忽略一点，再快的变革也总是从现在的资源步步推进的。对于市场营销策划人而言，掌握问题的核心，及时整合资源，准确快速地调整策略，并不断维护自己品牌的影响力，是适应改变的不变规律。

近几年，新的营销方式层出不穷，尽管目前"社会化营销"这种方式超越了其他的营销方式，成为营销人的口头禅，可是我们不能因为某一种营销方式最为流行，或者有了新的营销方式，就将传统营销渠道弃之不用。

随着几年前互联网营销浪潮成长的一批网络营销人们，目前虽然已经不屑于谈起一些营销方式，可是经典的互联网营销方式一直被专业的营销人玩转出新的生机，甚至产生了更大的价值。今天，我们就为大家列出九种互联网的营销渠道，看看这些渠道你都用过哪些？又是哪些因素会左右你的最终选择呢？

1. 互联网营销渠道汇总

要想完善营销渠道，首先就要了解互联网都有哪些营销渠道。概括起来，互联网营销的渠道主要包括这样几个：

（1）陈列广告

陈列广告，主要是指在第三方的站点（如门户网站）进行一些品牌形象的展示，吸引一些流量。比如：Banner广告、视频广告、交互广告、弹出广告等。

（2）邮件营销

即简单地通过邮件来进行营销。虽然现在邮件营销已经被人用得很多了，但在基数巨大的情况下，效果还是明显的。不过，用来做客户维护的居多，做客户开发相对有难度。比如：邮件简讯、品牌维护邮件、关注转化率邮件等。

（3）搜索引擎营销

所谓搜索引擎营销，就是通过购买搜索引擎上的某个关键词，进行品牌呈现和流量引导。比如：Google Adwords、百度的竞价排名。

（4）网络公关

利用互联网的高科技表达手段营造互联网企业形象，为现代公共关系提供了新的思维方式、策划思路和传播媒介。

（5）搜索引擎优化

这种方法是以获得搜索引擎左侧的自然排名为主的手段，如谷歌、百度、雅虎、Bing。比如：关键词研究、站内优化、链接建设等。

（6）联署营销

在各大广告联盟上发布产品，让众多网站帮忙呈现产品广告，同时要给他们一定收益。比如：Google就是最大的联署营销。

（7）社会化媒体营销

所谓社会化媒体营销，就是利用各种社会化媒体平台进行品牌形象展示以及流量引导，比如：Facebook群组页面、微信营销等。

（8）"口碑"营销

社会化"口碑"营销，就是策划一个有创意的内容，让大众主动传播品牌和营销的信息。

（9）转化率优化

这个在国内不常见，其实是为改善用户体验获得更多转化的一种方法，电子商务类公司用得比较多，比如：海外十大转化率高的网站。

2. 影响渠道选择的因素

其实，很多因素都会影响营销渠道的选择，甚至包括老板的意向，不过以下一些因素是一定要考虑的：

（1）公司的目标是什么

比如，品牌展示、品牌形象是什么？培育市场，你的产品和服务需要被创造，潜在的客户有没有认识到你能帮忙解决的问题？是否需要更多的流量来促进广告增长？毕竟卖出去才有钱赚。

（2）公司的预算有多少

比如，经营预算是多少，财务预算是多少？是很高（如超过100万），还是比较高（如10万~100万），还是中等（如2.5万~10万）？

（3）公司可用资源有什么

比如，技术资源、技术团队是否准备随时做市场支持；创意资源，如写手、艺术家、头脑风暴等资源是否充沛；搜索资源，是否需要提前进行搜索营销专家储备；社会化资源，是否提供必要的强力的社会化网络，如微博、微信等。

……

不过，不管大家最终采取什么营销方式，都要回归到网络营销的本质：以互联网为媒体，以新的方式、方法和理念，通过一系列的魅力网络营销策划，制定和实施营销活动，更有效地促成个人和组织交易活动的实现。同时，在运用当中需要注意修炼自己的品牌内功，再进行多拳组合以达到最好的效果。

更新网站，从专业方面提升执行力

> 网站代表了一个互联网企业的精神面貌，是企业的形象所在。如果网站不能反映互联网企业的形象，反而被毛糙的文字、粗劣的图片，以及千篇一律的布局影响了互联网企业形象在浏览者心目中的地位，还不如不做。网站必须保持经常性地更新，才能不断吸引访问者再次光临，使潜在的消费者变成客户。

网络发展得太快，以至于很多网站设计都跟不上时代的发展。如今，互联网上，很大一部分互联网企业的网站缺乏设计思想，没有个性，并不能体现企业文化，还远远停留在几年前的水平。颇具设计思想，富有企业文化信息，令人流连忘返、过目难忘，能够起到营销作用的网站更是凤毛麟角。

随着网络的发展，人们的鉴赏力也越来越高，对于网站的设计也越来越在意，互联网企业的网站如果仅仅是信息的简单罗列，很容易被淹没在浩如烟海的互联网之中。

随便在一个搜索引擎上查找某一行业的互联网企业网站，都会找到成千上万条信息，试想，在这么多的网站中，没有自己企业的特色、平庸无奇的网站是不会令人感兴趣的，更不用说进行详细浏览了。

众所周知，好的衣服能提高一个人的身价，好的网站也会提高一个互联网企业的形象。一个好的网站在结构、导航、用色、内容等各个方面都是很讲究的，它可能很简单，但却可以给人一种吸引力，让浏览者观赏的同时能了解互联网企业的基本信息。

从严格意义上来讲，网站代表了一个互联网企业的精神面貌，是企业的形象所在。如果网站不能反映互联网企业的形象，反而被毛糙的文字、粗劣的图片，以及千篇一律的布局影响了互联网企业形象在浏览者心目中的地位，还不如不做。

网站必须保持经常性的更新，才能不断吸引访问者再次光临，使潜在的消费者变成客户。如果网站一成不变，是无法获得更多的商业机会的，因此，互联网企业网站的维护是网站营销又一个很重要的手段。

可是，大多数互联网企业并没有意识到这一点，或被忙碌的工作所累，无暇顾及，或者干脆因为没有必要的技术人员从而放弃。互联网企业领导者一定要把网站的维护工作放到议事日程上来，否则就会放弃很多唾手可得的商业机会。

1. 互联网企业网站更新的一些问题

更新网站的时候，会涉及一系列的问题，比如：

（1）网站内容的设定

大多数中小互联网企业网站栏目划分趋于一致：公司简介、产品/服务介绍、联系方式等，在版式设计上也基本上是上下分栏、左右分栏等方式，不会利用富于互联网企业特点的图形或文字装饰网站，网站设计没有个性，这样的网站没有取得预期的效果并不为怪。

互联网企业网站建设时，一般也是这样要求做的，网络公司肯定也乐意了，因为这样做起来比较容易。

（2）重视技术问题

最重要的是，所使用的技术在多大程度上实现了预期的功能，或者说网站所要的功能需要什么样的技术实现比较经济划算。在与互联网企业的接触中，常常碰到这种情况：网站中使用了先进的技术，进行了大笔的投资，超过了网站所需的功能。对于这样的问题，一定要重视起来。

（3）重视网站和客户的互动

网站和客户的互动是很重要的，企业的网站是否实现了与客户的交互，在多大程度上实现了这一功能，也是需要考虑的。

2. 网站更新

网站的更新要从这几个方面着手：

（1）更新网站的内容

随着互联网企业的发展，一定有一些新产品、新服务问世，企业的信息，如企业简介、企业文化等总会有点变动。不断更新的内容是访问者所期待的，而对于搜索引擎来说，一个网站总是不更新，会严重影响排名。

（2）更换一种风格

一个网站，如果几年了还是一个老样子，风格方面不变换，浏览者对这些东西自然会比较反感。所以，网站用久了就要考虑网站改版。

（3）重新设计规划

随着网站的建设技术和网络的发展，网站无论从规划、设计，还是内容方面，都会与企业的运作不协调。为了让网站更好地为企业服务，有必要对网站重新规划设计，使互联网企业网站能更加符合自己的需要。

（4）增添功能或内容

网站建设初期可能不会考虑完善的功能，可是随着网站和互联网企业的发展，会对网站功能有更多的需要，所以，网站的更新还可以增添功能或内容。

整体配合，提高协调执行力

> 企业的发展离不开企业上下的一致配合，只要有一方面出现问题，很可能就会满盘皆输！亚洲互动传媒的案例再一次提醒我们，执行力的提高，需要整体的配合，任何一方出现问题，都会功亏一篑。

有这样一个故事：

一天，三个和尚在一座破落的庙里相遇。

甲和尚触景生情，随口说："这个庙为什么一片荒废凄凉呢？"乙和尚说："一定是和尚不虔诚，所以诸神不灵。"丙和尚说：

"一定是和尚不勤劳，所以庙破不修。"甲和尚又说："一定是和尚不敬业，所以信徒不多。"

三人你一言我一语，最后三人决定留下来各尽所能看看能不能拯救庙宇。于是，甲和尚恭敬化缘，乙和尚诵经礼佛，丙和尚殷勤打扫。不久，庙宇果然香火渐旺，朝拜的信徒日益增多，庙宇恢复了原来的鼎盛状态。

这时，三个和尚开始争抢功劳了。甲和尚说："都是因为我四处化缘，所以信徒大增。"乙和尚说："都是因为我虚心礼佛，所以菩萨才显灵。"丙和尚说："都是因为我勤加整理，所以庙宇才焕然一新。"三人为此日夜争吵不休，庙里的盛况又一落千丈。

分道扬镳那天，他们终于悟出了一致的结论：庙宇之所以荒废，不是因为和尚不虔诚，也不是因为和尚不勤劳，更不是因为和尚不敬业，而是因为和尚不和睦。

"家和万事兴""天时不如地利，地利不如人和"，这是大家都懂的道理。可是在团队取得一定成绩时，总有人信奉"会哭的孩子有奶吃"而争相抢功，甚至达到相互赌气的状态，致使团队力量受到削弱。

其实，"会哭的孩子有奶吃"固然没错，可是，安静的孩子往往更能得到慈母的疼惜。在团队中个人发挥的作用，管理者自然一目了然。团队的成功来自于精诚合作和团结友爱，无谓的争执只会削弱团队的凝聚力，使各方俱败。

在生物界，两个好的品种杂交产生的后代不一定优于亲本，杂交并非一定能产生优势，因而，配合力的高低就决定了该亲本的育种价值。同样的道理，两个优秀的人合作不一定能使他们的优势相加，他们之间能否优势互补，关键是要看他们之间配合力的高低。

企业的发展离不开企业上下的一致配合，只要有一方面出现问题，很可能就会满盘皆输。

关于执行力，人们谈论的很多。引入、推广、实践执行力这一概念，在提高我国互联网企业质量方面已产生了积极影响。可是，在如何将这一概念引向深入的过程中，人们发现，互联网企业各部门、各层次的员工，尤其是较大互联网企业的员工之间，如果不能很好地配合，执行力可能会流于空谈，"大企业病"将成为流行病。

1. 出现"配合力"不足的原因

为什么会出现"配合力"不足的情况呢？概括起来，主要有这样几个原因：

（1）团队目标不一致

一般情况下，互联网企业的规模越大，组织形式越复杂，部门之间越容易"配合力不足"。要想改变现状，必须从培养员工的团队协作精神和大局发展意识开始，明确团队工作目标，形成合力。同时，要将短期目标、长期目标紧密结合起来，充分考虑员工的个人目标和个人利益。

（2）团队意识不强

互联网企业管理中，团队意识主要表现在员工对团队的认同、服从和以团队为中心的观念上。有这样一个故事：

凯瑟琳是业绩突出的产品销售人员，但她不愿意与其他成员团结协作，结果被解雇了。凯瑟琳失业后，到儿子所在的勇士冰球队当教练。队里人人精力过剩，但各自为政，总是输球。为了做好团队配合，凯瑟琳找到前女子篮球队教练，在其帮助下，凯瑟琳和她的勇士队开始了神奇的团队合作，最终夺冠。至此，凯瑟琳悟出了成功团队的要素：高度配合，步伐一致。

团队意识的强化，不仅需要员工对团队的认同和服从，更离不开包括CEO在内的互联网企业领导层的参与，领导应该将内部所有成员融入团队，淡化层级关系。

（3）部门负责人有冲突

"火车跑得快不快，全靠车头带。"如果部门之间存在一定的利益冲突，部门领导间更容易出现刻意的敌对情绪。如果不能将这种情绪及时消除或控制住，很可能蔓延，演变成部门与部门之间、部门员工与部门员工之间的对立。

2. 及时发现，及时化解

作为管理者，应该及时发现部门之间的潜在摩擦，并及时化解。

首先，部门负责人之间应该多沟通。

这既是管理者做好管理工作的需要，也是处理好部门关系的需要。沟通是双向的，也是多方面的，要从目标上、思想上、感情上和信息上加强部门领导之间的沟通，使其取得共识，这是协调各部门领导关系的重要基础。

其次，部门负责人之间应该相互支持。

要告诫各部门领导，在强调自己工作的地位和作用时，不能贬低而要肯定其他部门的地位和作用。工作的配合与支持不能仅是单向的需求，应该成为双向的给予，并用以取代自我封闭状态，以及"各人自扫门前雪"的狭隘做法。

第三，上下级之间多沟通。

对于一个团队的管理者，必须做到以下两点：主动询问员工在工作中是否存在问题；鼓励员工积极提问，频繁地进行上下级之间的交流，耐心倾听，给出合理的解决意见。

有一家互联网公司的销售人员平时都不喜欢敲管理者的门。因为他们认为，去敲门就意味着自己的无能，所以他们尽量先自己沟通协调，竭尽全力先去解决问题，只有万不得已的时候才去敲管理者的门。去敲门时，他们在心理上就已经为可怕的后果做好了准备。

后来该互联网公司的管理者发现这个问题，重新装修了办公室，全部变成了大开间，没有门，而且自己坐在办公室的中间。虽然很像监管着员工的工作，但是确实发现了很多员工的工作问题。经过了起初的氛围的压抑，工作的氛围逐渐变得轻松、高效起来，很多事情可以进行及时的反馈和沟通，业绩指标得到了极大的提升。

有句古语说得好："兄弟同心，其利断金。"管理者只有打造出互联网企业强有力的"配合力"，才能有效地提高团队的战斗力，才能在激烈的市场竞争中立于不败之地。

提高客户体验，强化服务执行力

在当今这个移动互联网时代，消费者表达自己意愿的渠道越来越畅通，平台越来越多，客户体验成为影响互联网企业命运的一个重要因素。如果客户体验好，企业的客户规模、流量自然就会增加，就会吸引更多的产业链合作伙伴，企业提供的产品和服务就会更丰富、更有吸引力。这样，消费者的选择也会越来越多，获得的服务也会更加方便，最终形成企业发展的良性循环。

客户体验是一种纯主观在用户使用产品过程中建立起来的感受，良好的用户体验有助于公司不断完善产品或服务，更是执行力提高的一个重要因素。

在京东创始人兼首席执行官刘强东眼里，京东攻坚克难的诀窍并不复杂，就是坚持干好两件事：商业诚信和用户体验。刘强东在两件事情上很偏执，一件是诚信，另一件就是用户体验。如果把诚信比做京东发展的基石，用户体验就是京东发展的方向和目标，为此，京东采取了很多措施。

京东的用户体验链条很长：访问速度是否够快，结算按键是否方便，快递员速度是否够快，客服人员答复是否准确及时……哪个环节有疏忽，都有可能让消费者在京东的体验打折扣。破题的关键，就是让改善用户体验成为每个员工的习惯。

这两年，京东业务更加多元化，力争通过更加丰富多样的服务，满足更多消费者的需求。O2O领域，京东开辟出全新板块——京东到家；农村电商领域，通过京东帮服务店、县级服务中心、乡村推广员等形式，将质优价廉的产品带到农村；金融服务领域，推出"先消费，后付款"的白条服务；智能领域，形成了完整而开放的智能生态链布局，并推动一批创业互联网企业和传统硬件制造互联网企业驶入智能领域的快车道。

在当今这个移动互联网时代，消费者表达自己意愿的渠道越来越畅通，平台越来越多，客户体验成为影响互联网企业命运的一个重要因素。

如果客户体验好，企业的客户规模、流量自然就会增加，就会吸引更多的产业链合作伙伴，企业提供的产品和服务就会更丰富、更有吸引力。这样，消费者的选择也会越来越多，获得的服务也会更加方便，最终形成企业发展的良性循环。

对于互联网企业来说，要想在产品和商业模式的创新上获得成功，就必须高度关注客户体验，在运营中不断提升客户体验，将其作为一切工作的出发点和落脚点。

为了提升客户体验，关键就要做到以下几点：

1. 将客户体验贯穿产品创新的全过程

一个好的产品应该契合客户需求，能够给客户带来良好的体验。为了提高营销的执行力，在产品设计、研发、创新的整个阶段，互联网企业都应该从客户的角度出发，不盲从一时的潮流，不追求大而全的功能；要真正把握客户的心理需求，以客户需求为中心，持续根据客户需求的变化进行产品的改进。

2. 击中客户"痛点"，满足客户需求

如果企业开发的产品不能很好地解决客户的问题，即使产品设计得再好、UI（即User Interface，用户界面）再怎么美，都是徒劳。只有击中了客户的"痛点"，才能获得成功。在我们身边，这样的产品举不胜举，比如：打车软件、iPod、小小神童、小米手机等。

所谓击中"痛点"，也就是说企业开发的这个产品能真正帮助客户解决问题；或者是某一个点真正触动了客户的心灵，能带来无可替代的核心价值。要想实现这一点，就要将客户体验作为创新的出发点，敏锐把握客户心理，捕捉市场需求。

3. 树立"简单就是美"的理念

在进行互联网产品创新时，要遵循"简单就是美""大道至简"的原则，不必大而全，要更多地关注客户的想法和需求，"专注"于简单易用，让复杂问题简单化，把产品做得精致、有价值、有时尚感。这样"小而美"的产品在互联网时代往往更受客户欢迎。

4. 不要忽视每一个细节

老子说过："天下难事，必作于易；天下大事，必作于细。"很多互联网公司都是从产品的细枝末节之处进行创新，不断优化，从而取得意想不到的成功。要想开发令客户满意的产品，就必须树立"创新在于关注细节"的理念。

创新不一定是以大为美。在产品的开发创新过程中，绝不能忽视任何一个细节。只有重视细节，并从细节入手，才能做到精益求精，实现有效的创新。比如，人们之所以喜欢苹果产品，一个很大的原因就在于苹果的产品十分注重细节。

乔布斯是一个关注细节的高手，在他看来，电脑机箱上螺丝帽的朝向，乃至键盘按键排列次序这样的小细节，都不容忽视，都是关系到客户体验的重要因素。

客户是我们的衣食父母，要牢记"以客户为中心，客户第一"的宗旨。不管是管理者，还是员工，都会接触到客户。在接触客户的过程中，都要重视有效沟通的重要性，比如：可以拉近我们和客户之间的距离，收集到真实的客户使用反馈，更好地为客户提供服务，建立起亲密的联系，实现双方的共赢。

5. 和客户多沟通

如何做到和客户的有效沟通呢？我觉得，主要注意两个方面：态度和专业。

真诚的态度是理解他人的桥梁，如果和客户沟通的时候缺乏诚意，很容易出现偏见和误解，会扭曲交流的信息，这一点在和客户接触的过程当中尤为重要。

如果说态度是找到客户、拉近客情关系的敲门砖，那么专业就是成功的助推器。从产品的理解、讲解，到签单熟练度、后续的服务，客户的再开发、转介绍，无不体现了专业程度的重要性。优秀的员工会仔细倾听、发现客户的需求，然后放大客户的需求，给他们提供服务，满足他们的需要。通过细致、周到的服务撬动客户，激发客户的超前消费欲望。

6. 在运营中创新，在创新中运营

互联网行业是很有潜力也是特别有竞争力的行业，无论是电子商务、门户网站、搜索引擎或者是一些类似淘宝的网上商城，客户体验都显得十分重要。

市场定位的准确性、内容的丰富性、服务的便捷性、使用的方便性是客户体验的重要内容，要想做好这些，关键在于做好业务运营。良好的业务运营是提升客户体验的保证。

对于互联网企业来说，只要站在客户的立场，以提升客户体验为中心，强化运营，持续运营，不断为客户提供真正满足其需求的内容和服务，就能在市场竞争中站稳脚跟，立于不败之地。

　　总之，互联网的竞争也是客户体验的竞争，客户体验是互联网产品竞争力的核心。追求"极致"的客户体验是产品乃至商业模式创新成功的关键。随着产品同质化时代的到来，只有那些真正把客户体验做到"极致"的互联网企业，才能最终赢得市场竞争的胜利。

第六章

互联网企业如何打造
强执行力企业文化

要想打造强势执行力，就要打造强势执行力的文化。有了这样的文化氛围，互联网企业和员工就会将其融入自己的身心，不知不觉中以提高执行力为荣。企业的发展离不开"专注""极致""口碑""快"等，无法做到这几点，你的企业可能会昙花一现。如果不想让自己的心血付之东流，就要在这几个词语上多下功夫。当然，还有重要的一点就是，适时而动，把握好社会发展大趋势。

"专注"，互联网企业强执行力文化的着力点

> 当互联网企业建立起"专注"的企业文化时，员工就能够把自己的时间、精力和智慧凝聚到他所做的事情上，从而最大限度地发挥积极性、主动性和创造性，努力实现他为自己设定的目标。反之，如果员工做事三心二意、心不在焉、敷衍塞责、心浮气躁，必然无法集中自己的时间和精力，做什么事情都会虎头蛇尾、半途而废。

将军赶路，不追兔子，这个时候，"不做什么"比"做什么"更重要。互联网企业要想提高执行力，就要"专注"做开放性平台，因为只有"专注"，才有力量，才能做到"极致"。只有建立起"专注"的企

业文化，才能从看似碎片的世界中汇聚力量。

"专注"是走向成功的一个重要因素。当互联网企业建立起"专注"的企业文化时，员工就能够把自己的时间、精力和智慧凝聚到他所做的事情上，从而最大限度地发挥积极性、主动性和创造性，努力实现他为自己设定的目标。反之，如果员工做事三心二意、心不在焉、敷衍塞责、心浮气躁，必然无法集中自己的时间和精力，做什么事情都会虎头蛇尾、半途而废，即使他心中有极高的抱负，但也是连一件简单的小事都做不好，更不要说有所成就了。

在一次谈话节目中，马云对一个创业嘉宾说："人要有专注的东西，人一辈子走下去挑战会更多，你天天换，我就怕了你。"对于马云的经商理念，孙正义说："在众多的企业家当中，马云是唯一一个三年前对我说什么，现在还是对我说什么的人。"

孙正义所指的是马云1999年构思阿里巴巴的时候所确立的目标。当时，很多人都认为，中国加入WTO是迟早的事，中国企业到国外开展业务指日可待。所以，阿里巴巴创立的第一个构思就是，通过互联网帮助中国企业出口，帮助国外企业进入中国。

到底要帮助哪些国内企业走出国门呢？马云认为，推动中国经济调整发展的是中小企业和民营经济，所以，阿里巴巴应该帮助那些真正需要帮助的企业。马云最初就是这样构思自己的经营战略的。

几年的商海沉浮，马云的这个理想不仅没有产生丝毫的动摇，反而越来越坚定。在一次经济论坛上，马云向人们阐述了自己的专注经营理念。马云认为，虽然自己不知道今后阿里巴巴会是什么样子，但是在未来的3~5年，他仍然会围绕电子商务发展阿里巴巴。

2005年8月，发生了一件对阿里巴巴来说具有划时代意义的大事——马云率领自己的商业集团成功地并购了雅虎中国。这次并购，使马云成为商业人士关注的焦点。人们纷纷猜测，马云并购雅虎是因为他看好雅虎的优秀业绩的表现，一定是想借此效仿百度，在网络搜索上狠赚一把。

其实，马云之所以要这么做，有自己的想法。他风趣地说，阿里巴巴绝不会错过良好的发展机遇，但自己不会因为企业股票上涨就来乱起哄。有人问马云，阿里巴巴的下一步战略是什么。马云风趣地回答："阿里巴巴下一步的战略方向是电子商务，永远是电子商务、电子商务、电子商务……"对于阿里巴巴是否会做门户网站或即时通信，马云说："至少我们现在是在做电子商务，电子商务需要的一切事情我们都会做。"

在这里，马云又一次表达了自己"专心做一件事"的经营理念，不仅反驳了自己跟风之说，并将他和阿里巴巴所做的事情确定为了公司的发展目标。

一直以来，马云都在孜孜不倦地坚持"专心做一件事"。马云认为，一个公司在两种情况下最容易犯错误：第一是有太多钱的时候，第二是面对太多机会的时候。企业管理者看到的不应该只是机会，更应该看到危机和灾难，并把这些危险因素扼杀在萌芽状态。

在2005年以前，马云已经意识到了搜索引擎技术对互联网公司发展的重要性。阿里巴巴要想巩固自己的中国最大的电子商务网站的地位，更快更狠地向国际市场扩张，就要并购当前最先进的搜索引擎技术。所以，尽管外界对这一桩并购有颇多猜测和争议，但马云所看重的是这一并购所带来的促使公司业务结构升级的结果。

马云是一个理想主义者，他曾经说过："这个世界只要有梦想，只要你不断努力，不断学习，不管你长得如何，不管你是不是有钱，你都是有机会的。"不可否认，专注于自己的理想是马云成功的关键。

一切皆为目标服务，一切皆为"专心做一件事"。在马云的心里，管理并不是人们想象的那么复杂，但一定要有一个非常清晰的目标——自己想做什么事情，自己想改变什么事情。只有把这个问题搞清楚，才能形成专注于一个领域的经营思维。

成功的法则很简单，而成功者之所以少有，是因为大多数人认为这些法则太简单了，没有坚持，不屑于去做。这个法则就叫"专注"。成功与失败之间，很多时候只有一步之遥，坚持迈出最后最艰难的一步，你就成功了！放弃这一步，注定是失败的。

只有让员工全身心地投入到手头的工作中，才能提高工作效率，才能提高执行力，企业才能离成功的目标越来越近。

"极致"，互联网企业强执行力文化的上乘境界

> 互联网在经过丛林法则的战斗之后，基本形成了固有的格局。无论是早期的四大门户网站，还是现在的BAT（即百度、阿里巴巴、腾讯），大佬的格局是不容易撼动的。而移动互联网似乎带来一次重新洗牌的可能，在同一个起跑线上，谁能赢得用户心中的第一，还是未知数。在残酷的竞争里面，只有把自己的企业做到"极致"，才可以生存下来。

如何理解"极致"？即要么你不做，要么你就做到极限。因为在互联网上，竞争是赢家"通吃"的，从一个公司到另一个公司，用户只需要挪动鼠标轻点一下就可以了，事情就如此简单；而且，互联网在各个

领域里面是竞争最残酷的，每一个互联网企业，都想在互联网上超越竞争对手。因此，在残酷的竞争里面，只有把自己的企业做到"极致"，才可以生存下来。

已故的苹果掌门人乔布斯用一句言简意赅的话语阐述了"极致"的力量——只做第一，不做第二！对于任何优秀的人，或者优秀的互联网企业来说，要么不做，要么就要做到最好，做到"极致"。每个人的生命只有一次，每个企业的生命也极其短暂，在有限的岁月里，只有将一件事情做到"极致"，才不会留下任何遗憾。

当然，"极致"并不等同于完美。事实上，"极致"是无限趋近于完美的一种形态，代表着我们竭尽全力去追求完美的态度。"极致，就是把自己逼疯"，这是雷军对互联网思维"极致"的理解。

小米是国内比较有知名度的一个手机品牌，很多人都知道小米做得不错，其产品在国内手机市场独树一帜，无论外观还是产品用户体验，在设计上都有自己的特点。其实，小米的产品研发并不是那么简单。

每次新品发布会，他们就会成立专门的演示文稿撰稿组，包括文案和设计师，五人左右的团队会工作一个半月。雷军会直接牵头参与设计，大到内容框架，小到一个文字的配色，这些文稿都要改过近百遍。

2014年，小米4之所以成功，首先是在产品定义上主打工艺和手感，雷军和产品团队在这方面先做了精准定义，再落实到营销团队。为了巧妙地把工艺和手感传达给大众，最后文案敲定为"一块钢板的艺术之旅"。

互联网企业要创建一种"极致"的企业文化，来逐渐实现创新和提升用户体验。

互联网在经过丛林法则的战斗之后，基本形成了固有的格局。无论是早期的四大门户网站，还是现在的BAT，大佬的格局是不容易撼动的。而移动互联网似乎带来一次重新洗牌的可能，在同一个起跑线上，谁能赢得用户心中的第一，还是未知数。

只有做到极致才能创造奇迹，改变行业的，往往是那些一根筋走到底的人。做事如同做人，既然要做，绝不能抱着做第二也无所谓的态度。只有做到"极致"，才能打破陈旧的城堡，成为新的行业标杆。

"口碑"，强执行力文化建设最需要"口碑"意识

> 在品牌建立的过程中，通过客户间的相互交流可以将自己的产品信息或者品牌进行传播。"口碑"营销的最大特征和核心是可信度高，与不惜巨资投入广告、促销活动、公关活动来吸引潜在消费者的目光借以产生"眼球经济"效应的其他市场活动相比，利用"口碑"传播所传达的信息渗透率高，达成最终成交的可能性更大。

"口碑"是什么？一谈到"口碑"，很多互联网企业就觉得，好产品就具有"口碑"；有的互联网企业则认为，便宜的产品就有"口碑"。

其实，在这个世界上，好产品有很多，便宜的产品也有很多，又好

又便宜的产品也不少。哪种产品能让用户知晓呢？"口碑"的传播是超预期的。假设一下：如果有一天你和同学在一家咖啡厅喝咖啡，然后用一款小屏幕手机打开浏览器，在小屏幕上输入账号和密码，自然会感到很痛苦。当你跟服务员要无线网密码的时候，同学却掏出了大屏幕的手机，轻轻点击"是"，无线网就连上了。这么好的功能，用户体验自然会超强……小米就是靠这样一个一个的细节来打动用户的。

这是小米科技的一个真实的故事：

在 北京，有一个70多岁的老人。孙子很喜欢小米手机，在孙子过生日的时候，老人想买个小米手机给孙子。可是，老人既没有上过网，也没有网银，更别提抢购了。

老人想了想，便将电话打到了小米客服。客服王小姐听说了老人的烦恼后，便用自己的网银给老人订了一台小米手机，快递到老人的家。

老人非常感动，专门跑到小米客服送钱过来，还写了张纸条："寻找好客服王小姐！"

事情过后，同事问王小姐："要是骗子怎么办？拿不到钱怎么办？为什么会这么做？"王小姐回答说："第一，要解决用户的问题；第二，我相信这位老人不会骗我；第三，如果老人没有还钱给我，我相信主管是不会让我独自承担这个费用的。"

小米的核心就是"口碑"，而"口碑"的核心是超预期。

在品牌建立的过程中，通过客户间的相互交流可以将自己的产品信息或者品牌进行传播。"口碑"营销的最大特征和核心是可信度高，与不惜巨资投入广告、促销活动、公关活动来吸引潜在消费者的目光借以产生"眼球经济"效应的其他市场活动相比，利用"口碑"传播所传达的信息渗透率高，达成最终成交的可能性更大。

研究发现，接近20%~50%的决策背后，首要影响因素都是"口碑"，尤其是在消费者进行首次购买或者产品相对价值高昂的时候。

互联网的发展带来了在线社区的建立，人与人之间的关系通过网络就可以轻松建立，"口碑"的模式从"一对一"发展到"一对多"。同时通过"口碑"施加影响的也不再局限于熟人之间。消费者可以通过网站、博客、论坛、微博等社会化媒体形式，公开表达对某类产品或是品牌的看法。

对于互联网企业来说，互联网模式下的"口碑"成为互联网企业舆情监测的一个部分，但同时也给了互联网企业借以施加"口碑"影响的渠道。

有了好"口碑"，就可以快速地让用户对你的企业、产品等产生好感、记住并成功购买。如果没有"口碑"或"口碑"很差，可能你的企业就不会有好的盈利。所以，要想提高执行力，首先就要快速建立一种"口碑"文化。

那么，该如何建立一种重视"口碑"的企业文化呢？怎么做才能更容易引发"口碑"效应？"口碑"营销利用的是人的分享心理，所以互联网企业完全可以从用户的心理需求入手，比如新奇、快乐等。

1. 想一个新奇的点子

在我国，广为流传的"怒掷酒瓶振国威"就是一个不错的案例：

1915年2月20日，旧金山召开了巴拿马万国博览会。这是20世纪初世界范围内最大的一次国际博览会，参展单位多达20多万个。

在这次展览会上，我国也推出了自己的酒品——茅台酒。虽然茅台酒质量极佳，但由于是第一次参加，而且包装简单，因此无人问津，遭到冷遇。

眼看展会马上就要结束，我国代表看到茅台酒无缘评奖，心中郁闷难耐。这时候，陈琪想到一个办法，他佯装失手摔坏一瓶茅台酒。酒瓶被摔破在地，酒香散溢，很多人都循着酒味来到展台前。

我国代表便立刻拿出自己的美酒，让人们品尝，赞誉声不绝于耳。人们一传十、十传百，都来茅台酒陈列处品尝抢购，很快便成了一大新闻，传遍整个会场。评委被吸引过来，品尝后他们一致认定："茅台酒"是世界最好的白酒。之后，便向茅台酒补发了奖章。

茅台酒一举成名，跻身世界名酒行列。

不可否认，我国茅台酒的出名，主要得益于陈琪的那一摔。虽然说，将自己生产的酒当众摔碎，任何人都不愿意，可是为了吸引眼球，陈琪还是动手了。这就再一次告诉我们，当人们遇到新奇而有趣的事时，总会情不自禁地关注并分享。所以，在为企业建立"口碑"文化时，就要多想一些新点子。

2. 给用户送去快乐

没有人会拒绝传播快乐，当我们给用户带去快乐时，用户自然会快速传播开来。

在迪士尼里面，只要是受欢迎的项目，一般都会排起长龙。看着这有增无减的长队，管理者意识到，解决不好顾客排队等待的问题，很容易引发顾客的焦虑和不满。于是，他们便在每列队伍的外侧设立了告示牌，用以估算目前等待的人数。同时，为了帮助等待的游客打发时间，还提供短时表演，顾客即使是在等待中也会过得很愉快。

虽然迪士尼的成功有很多因素，但这种为用户送快乐的策略也不失为一种助力。设想，如果每天排队的队伍都拉得很长，人多，事情就多，吵架或争斗之事一旦发生，就会对迪士尼造成负面影响。而仅仅增加告示牌，主动为顾客提供表演，就将枯燥的氛围驱散了，取而代之的是顾客的满意和开心。迪士尼用自己的故事告诉我们，只有输出快乐，才能收获快乐！要想打造企业的好口碑，就要多为用户送去一些快乐。

3. 讲个故事也不错

每个人都喜欢听好听的故事，听完后自然也会传播。而且，为了扩大"口碑"效应，制造有趣和易于传播的故事确实也是个非常好的策略。因为，要想引起"口碑"，必须要有话题才行，而且故事本身就是非常好、非常持久的话题。

4. 多关怀用户

中国的消费者是很容易被感动的，只要对他们好一些，或者只要把功课做足，用户就会非常满意，并会用"口碑"回报你。

在"口碑"文化的建立过程中，就要让员工对用户多一些关怀。对于客户的问题，积极解答；对于客户的心情，积极感受；即使是遇到较真的用户，也要表示出对他的关心。

5. 不要忽视了"互惠"性

感恩是人类的优秀品质之一，如果能够有效地帮助用户解决他们的问题，用户自然会用"口碑"回报我们。如果能够给用户提供一些产品的常识，客户自然就会来网站阅读，可以帮助用户解决一大烦恼；当用户感觉不错的时候就会主动进行"口碑"传递，最终达到互惠效果。

6. 和用户心理产生共鸣

心理学中有一种策略和方法叫情感共鸣，通过此方法，可以快速拉近与陌生人之间的距离，从而影响别人。在建立"口碑"文化的过程中，要鼓励员工与用户内心一起产生共鸣，自然就会形成"口碑"效应。

"快"，在不断迭代中尝试新的文化形式

> 互联网上成长起来的新一代，对于互联网精神打造的产品所
> 与生俱来的"瑕疵"具有极大的包容性。他们的注意力都放在了
> 那些让用户"尖叫"的功能、性能和特质上，而忽略了其他不足
> 的地方；那些出众的点不仅赢得了用户的感动，也让用户由衷地
> 相信，下一版会更好的。

互联网是一个竞争极其残酷的行业，任何一家今天还存活的互联网
公司都要感谢当年创始人"拼命三郎"的精神。在互联网领域，速度就
是生命。

李开复认为，中国创业者更需要的是迭代创新，而不是许多美国创

业者崇尚的颠覆式创新；因为前者更专注用户和效率，能以较小的投入更快地开发出产品，抢占市场。

那么，究竟什么是迭代创新？为什么要采取迭代创新的路径？中国互联网企业如何适应迭代创新的战略？迭代是一个重复反馈过程的活动，每一次迭代的结果都会作为下一次迭代的初始值，不断逼近目标或结果。

谷歌的开发战略，就是这种"永远beta（测试）版"的迭代策略：没有完美的软件开发，永远都可以更好，永远在更新或改善功能。谷歌邮箱Gmail推出五年之后，才撤掉了beta版的字样，成为稳定的服务。

在与苹果iOS智能手机操作系统的竞争中，后发的谷歌采取了与苹果完全不同的迭代开发战略。谷歌在其操作系统Android（安卓）上采用了开源软件的模式，与多家互联网企业合作生产平板电脑和智能手机。

安卓系统从Android 2.3.3到Android 4.0，只用了约半年时间，许多手机都来不及更新换代以支持新版本的操作系统。但Android 4.1、4.2紧接而来。

这么快的迭代，使谷歌的许多合作厂家应接不暇，不同操作系统之间会产生适配问题。但谷歌更新的速度与决心都非常大，在合作厂家之间掀起迭代竞争，迫使他们不断更新产品，从而使安卓系统在短期内做得比较成熟了。

由此可见，循环迭代式的开发特别适用于高不确定性、高竞争的环境，也适合分布在全球的不同互联网企业、不同开发小组之间的合作，其本质是一种高效、并行、全局的开发方法。

既要追求速度，又要追求完美，是不是很矛盾？互联网企业的管理者通常都很纠结，每天在抓耳挠腮做着"取舍"。可是，互联网上成长起来的新一代，对于互联网精神打造的产品所与生俱来的"瑕疵"具有极大的包容性。他们的注意力都放在了那些让用户"尖叫"的功能、性能和特质上，而忽略了其他不足的地方；那些出众的点不仅赢得了用户的感动，也让用户由衷地相信，下一版会更好的。

1. 问题先行

"问题先行"原则后来成为迭代开发的首要原则。学者托姆科与藤森认为，如果在开发与测试阶段才建立模型，发现问题与解决问题所需的金钱和时间成本可能非常高。如果"问题先行"，就会将问题的确认和解决转移到产品开发流程的早期，将会提高开发绩效。

在开发iPhone过程中，乔布斯举起放在口袋中被划伤的iPhone，愤怒地说："我们产品的屏幕是不允许这样轻易被划伤的，我要换防划玻璃屏幕，我要在六周之内让它变得完美。"苹果开发团队开始去找不易被划伤的玻璃，并很快发现了康宁的微晶玻璃技术。

其实，康宁的微晶玻璃技术曾于70年代应用于汽车玻璃，终因成本太高而被打入冷宫。当乔布斯提出制造1.33毫米厚度高强度玻璃的想法后，康宁迅速组织团队，改善玻璃生产工艺，实现了大猩猩玻璃的诞生。

乔布斯就是"问题先行"，即首先解决手机屏幕不易被划伤这个问题，然后苹果终于找到了防划手机屏幕，也激活了康宁的技术。

2. 快速试错

失败并不可怕。如果产品不符合市场需求，最好能"快速而廉价地失败"。

从学习的角度看，在没有任何蓝图可循的时候，与频繁的试错能够创造更多反应机会一样，开发者通过测量可以检验各种因果关系，提高学习结果。这样，通过尝试不同的设计，在产品各种参数的敏感度和设计的稳健度上，开发者就会获得直观的感受，加速对产品的理解。

和体验式学习一样，多次迭代的实践学习方式，比那些缺乏参与、侧重认知策略的学习方式速度会更快。在高不确定性的环境中，采用这种学习方式，有利于开发团队培养对产品的感觉。

3. 微创新

迭代试错（拿出测试产品让用户体验）是低成本、快速地捕捉到用户需求的好方式，尤其对于一些深藏于用户内心深处的隐秘需求，用传统的调研方式可能很难奏效，而用迭代试错则更可能由用户反馈发现用户的真实需求。

迭代试错要挖掘出用户的隐秘需求，需要的不是颠覆性的大创新，而是微创新。开发团队可以先根据用户特征开发出符合基本要求的测试版；然后，交付给领先用户在模拟环境下测试，从而证实其功能和用户需求的准确性。如果两者的匹配不是很理想，就需要对需求信息和解决方案信息的位置进行再次修正，再次匹配。

互联网企业要不断重复这个循环迭代的过程，直到获得可接受的匹配度。因此，微创新在从产品定义到生产上线的周期中间的各种迭代中扮演着重要的角色。

4. 和用户一起体验

迭代开发意味着亲民的用户关系——让用户参与研发过程，在体验参与中树立品牌与影响。在社交网络时代，用户参与战术既是开发要素，也是一种营销策略。用户参与的迭代开发，也是外部创意开发、产品测试、产品营销的过程。这也是为什么互联网企业能通过迭代减少产品交付周期的一个重要原因。

把握大趋势：在正确的时间做正确的事

在互联网企业经营的实战中，只有具备"做对的事情"的观念，才能把自己造就成稳操胜券的"常胜将军"。能否成为"常胜将军"，取决于一个指挥者是否具有前瞻能力和决策能力，以及二者能否完美结合。因此，对于市场，不仅要看得见、看得起、看得懂，而且要看得透，看得出市场发展规律，看得出企业的发展"运程"。

《孔子家语》里记载了这样一个故事：

鲁国制定了一条法律：如果鲁国人在别的国家沦为奴隶，只要有人肯出钱把这些沦为奴隶的鲁国人买回来，就可以凭"发票"到鲁国国库领取"国家补偿金"。这个法令出台后，大大推动了鲁国人的救赎行动，产生了极好的社会效果。

子贡是孔子门下最有钱的弟子之一，也是一位成功的商人。他在周游列国的途中，遇到了一个鲁国奴隶，于是花钱把这个人赎了出来。子贡觉得，自己应该做得更高尚一些，于是把那些"收据""发票"全部当众撕毁，并声称："自己愿意承担所有的费用，不向鲁国申请报销。"这个行为轰动了整个社会。

子贡回国去见孔子，孔子吩咐学生说："如果子贡来了，你们拦住他，因为我不想再见到这个人。"子贡感到很委屈，于是冲破阻拦，见到了孔子，要跟孔子讨个说法。

孔子说："你的行为没有损害你自己的价值，却损害了国家的法律。因为你，从此这个法律再也没有明确的社会效果了。"果然，不久后孔子的话应验了。子贡的行为被舆论广泛传播之后，产生了消极的影响：赎人者再也不能以正常的心态向国家申请报销，不能有效地实施这种报销制度，肯出钱赎买鲁国奴隶的人就越来越少了。

在子贡看来，他做得非常"好"；而在孔子看来，子贡虽然做得"好"，却没有"做对"。

只有在对的时间选择正确的行业，做正确的事情，才能成功。所以，做事情的思维应该是：先"做对的事情"，然后再"把事情做对"。如果方向错了，不管过程如何完美，都会事倍功半，甚至会出现"南辕北辙"的结果。

在西方管理学中，有一个著名的公式，即：工作成绩＝目标×效率。西方学者认为，"做对的事情"要比"把事情做对"重要得多，因为"把事情做对"只是效率问题，而从一开始就设立正确目标——"做对的事情"，才是抓住了问题的核心。

管理大师彼得·德鲁克30多年前提出的"做对的事情而不是把事情做对"这一观点，被称为管理思想发展的一个里程碑。所谓"做对的事情"，就是要把握方向，清晰利弊，在做事之前一定要仔细考虑，进行分析判别，着眼于长远，讲求实际效果，理清来龙去脉，找出关键点；而"把事情做对"则将关注重点从方向引向了过程，强调做事情"正确"，是强调做事情的方法要正确，要符合原则和要求。

目前，腾讯是中国最大的互联网综合服务提供商之一，也是中国服务用户最多的互联网企业之一。腾讯能发展到今天，一个重要的因素就是抓住了正确的时机和好运，简单来说可以归结为"在对的时间，做对的事情"。也就是说，腾讯比较幸运地在10多年前抓住了互联网这个蓬勃兴起的大势。

在顺应互联网大潮流的同时，腾讯始终坚守"以用户价值为依归"的理念，努力为中国乃至全球互联网用户开发出各种好用的产品。腾讯多年的稳健成长离不开用户的肯定，目前腾讯即时通信服务的月活跃账户为7.8亿，正是这么多用户的支持和认同造就了今天的腾讯。

在做每一件事的时候，腾讯都会问自己："这是不是用户需要的？这能给用户带来什么？"从用户的角度出发，是融入了每一个腾讯人心中的一种根深蒂固的思考方式和行事准则。

在对用户需求保持长期关注的基础上，腾讯对外界技术和趋势变化也保持着高度敏感，并且会根据不同发展阶段主动做出各种调整，始终力争处在大的趋势中不掉队。

腾讯的成功不是马化腾一个人的本事，而是来自每一位腾讯员工的努力，大家参与了腾讯从无到有、从小到大的每一天、每一步，对腾讯有着很深刻的感情。他们信奉的是"正直、进取、合作、创新"的价值观，希望能通过自己的努力让亿万人的生活变得更丰富美好，这给了每个腾讯员工巨大的挑战和成就感，所以腾讯从来没有停止前进的步伐。

无论是企业老板、管理人员，还是普通员工，大凡做事都有两种境界：一种是做对的事情，一种是把事情做对。在互联网企业经营的实战中，只有具备"做对的事情"的观念，才能把自己造就成稳操胜券的"常胜将军"。

能否成为"常胜将军"，取决于一个指挥者是否具有前瞻能力和决策能力，以及二者能否完美结合。因此，对于市场，不仅要看得见、看得起、看得懂，而且要看得透，看得出市场发展规律，看得出企业的发展"运程"。如此，总是"做对的事情"也就在情理之中了。

第七章
互联网企业打造执行力的 经典案例

互联网时代，离不开学习力。互联网企业的发展也是一个不断学习的过程。如果想让企业的发展少走弯路，如果想迅速提高执行力，就要多向他人学习。阿里巴巴、百度、谷歌、腾讯……这些都是互联网企业中的佼佼者，都有着不为人知的发展秘密。了解了他们的做事风格，掌握了他们提高执行力的方法，融会贯通，为我所用，也不失为一种良策。

阿里巴巴：执行力管理"三板斧"

> 缺乏执行力是目前中国的互联网企业普遍存在的一个问题，阿里巴巴认为，破解执行力的关键是需要建立一整套的执行力系统，对于中小企业，尤其是电子商务型、外贸型及销售型的互联网企业，关键在于建立执行力的三板斧系统：定目标、追过程、拿结果。

在激烈的市场竞争中，一家互联网企业的执行力如何，决定着企业的兴衰，是企业达成计划和目标的必然途径。强大的执行力，本身就是互联网企业的一种核心竞争力。

阿里巴巴是一支执行队伍而非想法队伍，它的成功依赖的是高效率的执行力。马云曾经说过："阿里巴巴不是计划出来的，而是'现在、立刻、马上'干出来的。"

在阿里巴巴成立之前，中国对外贸易通道主要靠"广交会"、国外展会或依托既有的外贸关系，还在很大程度上受控于香港贸易中转。那时，中国"入世"在即，很多中小互联网企业迫切需要有自主控制的外贸通道。

马云在外经贸部了解到这一情况后，1999年成立了阿里巴巴，其商业模式也是马云在外经贸部探索出来的。将团队从外经贸部中国国际电子商务中心分离出来以后，马云转向做外经贸部的另外一个项目：网上中国商品交易市场。很快，马云就把这个项目的净利润做到了287万元。马云通过实践证明了这个市场的存在和商业模式的坚固、健康。马云认为，阿里巴巴借助互联网能够而且应该肩负起这个使命。

确定好电子商务的大方向后，具体运作模式还需要仔细思量。在具体实现方式的选择上，马云当时坚持用类似现在的BBS（论坛模式）的模式。可是，马云一提出自己的方案，就立刻遭到了团队成员的反对，大家都认为，这种设计模式既简单又丑陋，不合主流。反对的激烈程度出乎马云的意料，大家都拍着桌子和他争论。

马云让技术人员将BBS上的每一个帖子检测并分类，技术人员认为，这样做是违背互联网精神的。可是，马云知道，只有这样才能让用户方便、快捷地利用阿里巴巴。所以，他坚持认为，只要能发布供求信息，能按行业分类就行，不用搞得那么花里胡哨。虽然争论非常激烈，但马云仍不改初衷。最后在马云的强硬坚持下，以马云的方案暂时确定下来。

1999年2月，马云参加了新加坡召开的亚洲电子商务大会。会议上的一些意外发现让马云意识到他的机会来了，他决定动手做自己的网站。于是，马云给杭州的伙伴发电子邮件，要求技术人员立即完成BBS的设计。没想到，伙伴们还是不同意。马云发怒了，大声命令他们："你们立刻、现在、马上去做！立刻！现在！马上！"由于马云的坚持，团队成员最后还是接受了这个方案。

不可否认，正是由于阿里巴巴的高效执行力，才能一步步走到现在，取得今天巨大的成功。马云不止一次强调："有时去执行一个错误的决定总比优柔寡断或者没有决定要好得多。因为在执行过程中你可以有更多的时间和机会去发现并改正错误。"

由此可见，一个好的执行力能够弥补决策方案的不足；可是，即使一个决策方案再完美，如果不能及时执行，也是毫无意义的。可以说，执行力是互联网企业成败的关键。管理者如果能对诸如执行力这些影响结果的因素进行规范、控制和整合运用，企业就能够提高自身的竞争力。

在互联网企业经营中，最核心的东西是什么？对于任何一个互联网企业和组织运营来说，其内核都是保障目标得以实现的制度、流程、组织和控制的系统。就像一个人，虽然我们看到的是皮肤和外貌，但支撑人体的最关键的部分是骨架。而执行力就是一个公司最深层次的核心和基础，是关系生死存亡的关键要素。

缺乏执行力是目前中国的互联网企业普遍存在的一个问题，阿里巴巴认为，要想破解执行力，关键就要建立一整套执行力系统，对于中小企业，尤其是电子商务型、外贸型和销售型的互联网企业来说，关键在于建立执行力的三板斧系统：定目标、追过程、拿结果。

1. 定目标

互联网企业目标的确定，需要考虑的是三件事情的关系和平衡。"标准、时间、成本"，这三者是组织目标的核心，首先要将其中一个确定为准绳，坚持不能动。然后，再根据不同的项目，对每个准绳进行调整。

（1）标准准绳

比如，登月计划，就是以标准品质作为第一指标的，保障一定可以安全登陆并返航；而金钱成本和时间都是可以有一定范围的调整。

（2）时间准绳

比如，奥运会开幕式，时间确定好了就是那一天；而项目的成本和标准则可以进行相应的调整。

（3）成本准绳

比如，投资项目，多少钱是已经定好了的；但花钱的周期和达到的收益比例，是可以调整的。

确认好目标后，最重要的是挖掘个人目标与组织目标的链接。只要让每个人的梦想发展与组织的目标协同一致，自然就会产生动力和主动性。

2. 追过程

对于一辆行进中的汽车来说，目标就是，制定目标的方向和确定旅游的线路，而追过程则是开车的全过程。控制是方向盘，激励是发动机，控制的引入是整体追过程的一个重要核心。

授权过程中，经常出现的问题不是揽权，就是弃权，最现实的描写就是——一收就慢，一放就乱。揽权，指的是事无巨细，总要经过最高管理者的最后认可，才能开始实施，结果管理者成了整个项目最大的瓶颈，最后是下面的人闲死，老板忙得晕头转向，结果老板骂员工无能，员工抱怨没有发挥的机会。

弃权，是指管理者认为任务已经布置下去了，本来以为自己可以潇潇洒洒地当一个甩手掌柜。结果，到了最后要结果的那一天，才发现事情根本没有进展到位，错漏百出，于是临时抱佛脚、修修补补、草草了事。客户对结果不满意，老板说员工没水平，员工抱怨老板不支持不给资源，只会秋后算账。

如何才能解决弃权的问题呢？方法一，设置一个里程碑，将一个大的长期的事情，列出多个时间点或标志事件点的小项目，当计划进度与里程碑进度出现不一致的时候，立刻进行调整。方法二，推动现场管理，管理者要经常到员工工作的一线、客户体验的一线去观察，积极发现问题，鼓励和支持团队的发展。

3. 追结果

（1）清晰权、责、利

在追结果的过程中，一定要注意本位主义的影响，解决的方法是，确定整体项目的负责人。不管任何事情，只要没有责任到人，就代表根本没有人来做这件事。而要想责任到人，就要将责任、全力、利益和风险做好沟通与安排。

（2）评价结果

你想要的结果是什么？小企业通常都非常关注业绩的成果，不注意团队成长的结果。一定要记住，你的团队值多少钱，你的团队就能拿到多少钱的结果，而业绩结果和团队成长则都是我们要的结果。

在阿里巴巴有这样一句话："借事修人，借假修真。"阿里巴巴更加注重团队的成长，所以当一个项目下来时，首先关注的是团队会不会在能力、气氛、配合度上有真正的提升，其次才是有没有拿到自己想的结果。

在执行力的三板斧中，定目标是基础和源头，追过程是重点和要点，拿结果是核心和价值。一支有战斗力的团队，必须在过程流程运营中逐步成长，最终获得团队和业绩共同的提升。

百度"论语"：认准了，就去做

> 好的互联网公司都是有"主心骨"的，他们有自己的目标，有长远的规划，绝不会因为一时一地的利益而轻易改变。什么赚钱做什么，盲目"多元化"，绝不是志向远大的人之所为。

"认准了，就去做"，讲的是判断力和行动力——要正确地判断形势与机会，一旦看准了，就要付诸行动，患得患失只能坐失良机。

2009年7月，Robin以创业导师的身份做客央视《青年创业中国强》活动，在现场，主持人希望他为中国所有的青年创业者写下一句寄语，分享百度成功创业的秘诀。Robin欣然提笔，写下十二个字："认准了，就去做；不跟风，不动摇。"这十二个字，是他来自于实践的真知。

2001年的一个互联网会议上，曾被誉为中国"第一代织网人"的某网络公司总经理碰巧和Robin坐在一起，寒暄间，她问Robin："你们公司是做什么的？"

Robin回答："我们在做互联网搜索引擎。"

对方说："搜索引擎没什么前途吧，现在很多公司，像新浪、搜狐、慧聪，还有Open find、Altavista都在做搜索啊。"

Robin笑了笑没有争辩，只是很礼貌地说："我看好搜索引擎，我们能把搜索做到最好。"

2002年春天，一位投资人兴冲冲地闯进Robin的办公室，兴奋地说："我投钱给你们做无线增值业务吧，我们一定能大赚一笔。"那时，无线增值业务非常火爆，在国内的大型互联网公司里，只有百度还没有涉足。但Robin冷静地拒绝了，他说："搜索要做的事情还很多，我们应该专注于互联网搜索领域，我看好它的未来增长。"事情传开后，很多人都觉得Robin傻，不懂捞快钱。

可是，几年后，当中国互联网用户迅猛地超过3亿时，百度已经成为行业的领军互联网企业，业务蒸蒸日上。而许多当年做无线的"大佬"却无声无息了。回头看去，那位投资人不禁感慨："如果当时百度跟风去做无线增值业务，肯定不会有今天的成就。"

英特尔创始人之一的安迪·格鲁夫说过一句名言："只有偏执狂才

能生存。"正是因为他的"偏执",所以英特尔成了芯片业的领导者，并将领导地位保持至今。也正是因为Robin的偏执，百度才有了今天的赫然地位。

似乎很多成功人士都是执拗的人，甚至是大家眼中的"怪人"：数十年如一日盯住一个点，百折不挠，不管别人是否看好，都完全影响不了他的行动。好的互联网公司都是有"主心骨"的，他们有自己的目标，有长远的规划，绝不会因为一时一地的利益而轻易改变。什么赚钱做什么，盲目"多元化"，绝不是志向远大的人之所为。

1. 充分论证，判断形势，确定方向

要想做成一件事，需要具备三个要素：天时、地利、人和。具体到互联网企业来说，就是市场调研和可行性报告。所谓"谋定而后动"，行动之前千万不要鲁莽，要充分分析自己的优劣势，并与现实进行比对和论证。

首先，天时。

都说"时势造英雄"，任何逆历史潮流而动的行为都是螳臂当车，最终只会被时代的大潮裹挟吞没。只有顺势而为，才会事半功倍，屹立于时代的潮头。

其次，地利。

任何人都不能脱离环境而存在，主观能动性也受到客观条件的反作用，所以要认清自己周围的现实，因地制宜，不能动不动地照搬以往的成功经验。

最后，人和。

俗话说"一个好汉三个帮"，个人英雄主义、单打独斗被诸多事实证明是行不通的，每个成功的互联网企业都有若干个志同道合的创业者。

2. 列出行动步骤，勇敢迈出第一步

俗话说"万事开头难"，在瞬息万变的市场中，良机稍纵即逝，现在看起来是机会的事情，再过一年可能就变成了"鸡肋"。可是，机会越好，伴随的风险也就越大，所以一旦在上一步骤中看准了方向，就不要太过患得患失，只有放掉手中拿着的东西，才能抓住真正想要的。

为自己的目标制订出一个切实可行的步骤，然后勇敢地迈出第一步，也就成功了一半。

3. 甘于贫贱，耐得住寂寞

领先者往往都懂得另辟蹊径，能够在无路中踏出一条路。但这既需要智慧，又需要勇气，只有坚持到最后的人，才能看到最美的风景。

困难总是难免的，遇到困难不要总是在第一时间怀疑自己的判断，马上就想到另寻出路，要先审视一下来路，看看做的过程中有没有可以改善的地方；即使发现了错误，也不要过于沮丧，要学会从失败中汲取经验，不要受一点损失就轻易放弃。要知道，开创者必然是少数，而真理往往掌握在少数人手中。

4. "认准了，就去做"不等于"不抬头看路"

拉着装满货物的板车前进时，人必须低头弯腰，放低重心，尤其是上坡路，抬着头，是使不上劲的。抬头挺胸貌似潇洒，但你能拉动多少

货物呢？

在这里，我们并不是反对抬头看路，但看路不是无目的地左顾右盼，而是在认准目标、选准方向之后，在前进过程中的必要修正。要明白，你不是空手上路，肩上背负着责任和命运，而且还有很多与你一同赛跑的竞争者。

谷歌信条：专心将一件事做到"极致"

> 谷歌拥有非常壮大的研发队伍，心无旁骛地攻克搜索问题，他们知道自己擅长什么，也知道如何可以做得更好。通过持之以恒地对难题进行反复的探索，始终能够解决复杂难题，并不断地改进已被公认为 Web 上为数百万用户提供快捷、完美的信息搜索体验的优质服务。

作为一家著名的互联网企业，谷歌的成功总是被人们津津乐道。2005年10月底，谷歌在纳斯达克的股价开始一路飘升，在11月冲过400美元，市值超千亿美元。是什么成就了谷歌？创新的业务模式是条件之一。但更多的人相信，谷歌对今天商业社会的最大贡献在于商业价值观上的建树。

在谷歌创立之初，拉里·佩奇和谢尔盖·布林并没有急于将谷歌上市，而是用几年时间完善了谷歌的商业价值观：坚信一切以用户为中心，最好的方式是将一件事情做到"极致"等。

这些简单至极的价值原则使得谷歌从一个全新的基础和高度上定义了互联网的商业方式。这些价值观把谷歌与微软、雅虎等巨头迅速区分开来，在全球用户中塑造了崭新的商业组织形象，甚至重新定义了企业受人尊敬的标准。

谷歌认为，最好的方式是将一件事情做到"极致"。谷歌要做的就是搜索。谷歌拥有非常庞大的研发队伍，心无旁骛地攻克搜索问题，他们知道自己擅长什么，也知道如何可以做得更好。通过持之以恒地对难题进行反复地探索，始终能够解决复杂难题，并不断地改进已被公认为Web上为数百万用户提供快捷、完美的信息搜索体验的优质服务。

得益于努力改善搜索服务，谷歌可以将掌握的知识应用于新产品，其中包括Gmail、Google桌面和Google Maps。在改善搜索服务的同时，谷歌也在不断推出新产品，其愿望就是将搜索的强大功能应用于以前未曾探索的领域，帮助用户更多地访问和利用其生活中不断扩展的信息。

2014年年初，谷歌与通用、本田、奥迪、现代汽车和芯片商英伟达联合宣布成立"开放汽车联盟"，目的是将谷歌开源系统Android应用于汽车领域。该联盟主要致力于为安卓系统开发新的功能，以便更多应用开发商在其应用中轻松添加汽车程式，从而把安卓以有针对性的方式融合到车内娱乐系统中。

腾讯：庞大组织体系下极强的执行力

> 腾讯的创始人和高管为腾讯注入的基因，不只是对于用户体验的极度关注，还有"腾讯没有技术上无法实现"的坚定信念和原则。在文化和制度上，腾讯都切实地强化着大家对产品和用户体验的关注度。

腾讯是中国最大的互联网综合服务提供商之一，也是中国服务用户最多的互联网企业之一。一般说来，公司越庞大、越臃肿，就越难对小竞争者造成威胁，为什么腾讯后来居上的能力这么强？因为，和其他大公司比，腾讯的执行力也是非常突出的。

1. 成员都极度热爱互联网

腾讯的创始人和高管都是极度热爱互联网产品、技术的人，他们几乎是腾讯里最勤奋的人，他们决策的效率之高，他们身体力行地关注用户反馈和产品改进，他们对于想要做的事情的决心之强，都可以在腾讯人的描述中看到。创始人和高管们的表率作用，深深打动和影响着腾讯员工。

腾讯的创始人和高管为腾讯注入的基因，不只是对于用户体验的极度关注，还有"腾讯没有技术上无法实现"的坚定信念和原则。

2. 重视用户的体验

在文化和制度上，腾讯都切实地强化着大家对产品和用户体验的关注度。

腾讯用自己的文化吸引到的人才，大部分都是热爱互联网产品和技术的；再加上，腾讯有比较完善的导师制度、产品人员和技术人员的晋升考核路径，在大部分时候，员工想做工作的欲望和动力也都是足够的。尤其是当自己崇拜的创始人、高管们如此深度地关注产品，在其中的员工们，怎么可能缺乏动力呢?

腾讯设置了一个质量监控小组，由经验非常丰富的产品人员构成，赋予他们很大的权力，他们的主要工作是监控和规范所有的产品项目。并且，用KPI（即Key Performance Indicator，关键绩效指标法）来制约产品项目服从这些规范。为了不搞教条主义，很多规范都是在立项之初由项目经理和小组共同确认的。未必是硬性指派，但一经确认就受到严格监控，确保好的规范不流于空喊口号。

每个产品都设置有一个内部的交流平台，分为两部分：一块类似留言板，由产品主管发布项目的进度、动态；另一块是论坛，向公司内部所有人开放，接纳反馈。腾讯内部的氛围非常活跃，大家群策群力，内部监督效果良好。

3. 重视内部分享、知识管理

腾讯的内部分享、知识管理做得非常好，这样就减少了"员工不知道怎么解决问题"的情况。每周腾讯都会召开产品、技术分享会，马虎腾等高管也时常参与分享，有不少会录制成视频，供大家长期学习。那些分享含金量都很高。刚来的实习生，听几次分享，都会进步飞跃。

网上公开的介绍腾讯内部的e-learning系统的主要课程包括：（1）公司高层的重要讲话和一些政策；（2）职业素质、职业技能方面的一些课程，比如，压力管理、时间管理、商务礼仪等；（3）外购的课程，比如《哈佛商业导师》；（4）"腾讯大讲堂"，每两周做一次，一次两三个小时，请不同的技术专家讲腾讯的产品、技术、研发。

4. 核心领导对执行力很重视

核心领导层对执行力的影响很重要。腾讯并非没有沟通的成本，只不过比起其他互联网公司，由于高层的重视，以及高层决策的高效，群体性的勤奋会比一般的大公司更高效一些。